智能交通与智能驾驶系列

城市道路交通主动控制技术

张立立 王 芳 赵 琦 著

机械工业出版社

本书从控制理论视角出发，从交通状态辨识方法入手，对城市交通主动控制技术进行了深入探讨。本书共5章：第1章思考，回顾了交通控制的发展历程，并提出了一些深入思考；第2章辨识，研讨了交叉口过饱和状态辨识方法、交叉口检测区域的图像化模型、基于半监督哈希算法的图像搜索算法，将交通状态辨识推进到交通场景辨识的深度；第3章控制，介绍了基于交通状态可控性的交叉口信号切换控制框架，以及基于时空资源调度的交叉口主动控制方法；第4章系统，设计和开发了一种基于信息物理系统的场景驱动城市交通控制系统（UTCS-CPS）；第5章总结与展望，系统总结了研究成果，并提出了下一步研究要解决的三个主要问题。

本书适合从事城市交通智能控制和智能交通系统的研究人员阅读参考，也可以作为高等院校智能交通、自动控制专业师生的参考用书。

图书在版编目（CIP）数据

城市道路交通主动控制技术/张立立，王芳，赵琦著. —北京：机械工业出版社，2022.3

（智能交通与智能驾驶系列）

ISBN 978-7-111-70251-1

Ⅰ.①城… Ⅱ.①张… ②王… ③赵… Ⅲ.①城市交通-交通控制-研究 Ⅳ.①U12

中国版本图书馆CIP数据核字（2022）第035146号

机械工业出版社（北京市百万庄大街22号 邮政编码100037）
策划编辑：王　欢　　　　　责任编辑：王　欢
责任校对：潘　蕊　刘雅娜　封面设计：严娅萍
责任印制：张　博
涿州市般润文化传播有限公司印刷
2022年4月第1版第1次印刷
184mm×260mm・9.75印张・236千字
标准书号：ISBN 978-7-111-70251-1
定价：49.00元

电话服务　　　　　　　　　网络服务
客服电话：010-88361066　　机　工　官　网：www.cmpbook.com
　　　　　010-88379833　　机　工　官　博：weibo.com/cmp1952
　　　　　010-68326294　　金　书　网：www.golden-book.com
封底无防伪标均为盗版　　　机工教育服务网：www.cmpedu.com

序

  智能交通在我国发展了多年，交通领域的研究者、从业者从少到多，由弱到强。现今我国已经成为世界智能交通的重要组成和主要力量。我有幸进入该领域，懵懵懂懂已经八载有余，主要在城市道路交通控制方向做些研究和实践工作，既经历了交通管控技术的飞速发展，也见证了一些城市交通拥堵越发严重的情况。经常听到很多专家、学者、从业者和管理者对交通拥堵产生原因的分析，最终落脚点大都是交通需求大于供给，即交通使用者出行需求与道路资源供给的矛盾。在这样的观点下，智能交通，尤其是智能交通管控技术自然成为大多数从业者的从业利器。自2008年美国IBM公司提出智慧地球以来，以及新兴信息技术、互联网技术、大数据、云计算、人工智能、自动驾驶、车路协同、5G等，再到近期国家提出"新基建"，技术的有力驱动和支持者的呐喊，让更多的人走上了智能交通技术之路，甚至喊出了要彻底解决交通拥堵的口号。但是，也有很多加入者盲目于技术，忽略了交通拥堵的本质、交通控制的理论发展和交通管控技术的边界！

  技术的发展迅速而繁荣，如迷雾般乱花渐欲迷人眼。看透交通拥堵的本质，深刻理解并促进交通控制的理论与技术才能给人以足够的信心，拨开迷雾、拥抱未来！

张立立
于北石化清源园

前　言

几十年来，围绕交通控制系统、信号控制设备、检测设备等智能化发展方向，我国已形成了一系列的理论研究、技术应用和产品成果，但交通控制系统的控制模式并未发生根本性变化，与当前智能时代的技术发展与应用需求难以匹配。城市交通控制本质上是"控制"问题，需要从控制理论与技术的视角进行研究、开发和产业化应用。本书从控制理论视角出发，目的在于解决目前已出现的如下两个典型问题：

1）城市交叉口具有多车种通行混合交织、多种控制场景相互影响的典型特点，现有交通状态辨识方法不能有效分类识别混合交通流，实现精细化的时空资源分配。

2）当前交通控制方法以传统交通控制理论为基础，采用周期、相位、绿信比为控制变量，以周期性调整为手段实现对交通流运行的调控，本质是一种被动控制方式。作者结合多年从交通检测到控制策略执行全链条、一体化的系列理论与应用技术成果，试图重新回顾和深入研究城市交通控制涉及的关键理论与技术，既是对以往研究和实践的反思，也期望引起同行的重视，审视城市交通控制的潜在问题和未来发展方向。

本书主要包括以下五部分：

第1章　思考。从城市道路交通拥堵的本质到智能交通的未来发展，回顾了交通控制的前世今生并进行了展望，其中包括了作者的很多思考。

第2章　辨识。考虑交通控制绿灯时间约束及道路排队空间约束对交叉口过饱和状态判别的影响，基于控制理论中可控性概念，并结合交叉口动力学模型，提出了交叉口过饱和状态辨识方法。在精细化检测数据的基础上，建立了交叉口检测区域的图像化模型，并将交叉口状态参数识别问题转化为图像搜索问题；设计了基于半监督哈希算法的图像搜索算法，实现对交叉口状态参数的准确识别；基于交通场景概念，将交通状态辨识推进到交通场景辨识的深度。

第3章　控制。针对过饱和状态辨识，综合考虑信号控制绿时约束、交叉口内部空间与路段排队空间约束、交通需求变化等因素，深入分析控制理论中可控性概念的内涵，应用交叉口排队建模及混杂系统稳定性等方法，提出了交通状态可控性概念，并设计了基于交通状态可控性的交叉口信号切换控制框架。更进一步，通过扩展控制变量的维度，将被动控制推进到主动控制，并设计了基于时空资源调度的交叉口主动控制方法。

第4章　系统。考虑了目前市场、应用环境和技术瓶颈等问题，采用信息物理系统和平行系统的理论和技术体系，设计和开发了一种基于信息物理系统的场景驱动城市交通控制系统（Urban Traffic Control System-Cyber Physical System，UTCS-CPS）。在总体架构和具体功能的基础上，介绍了实时交通控制、人工智能交通控制器、一体化仿真等系统。该系统实现了控制与仿真的实时连接、交通控制系统与前端设备间的解耦，满足智能驾驶条件下对存储、计算和信息安全的需求。

第5章　总结与展望。对前面几章的研究内容做了总结，并提出了未来研究中要解决的三个问题。

本书重点介绍了理论研究方面的一些内容，其实也是作者在城市道路交通控制领域八年工作经历的回顾。有研究、有实践、有思考、更有感慨。在此衷心地感谢一路走来的所有同窗、朋友、老师和合作伙伴！本书也参阅了大量的国内外资料，未能一一列出，借此向这些著作和文献资料的作者表示衷心的感谢！

本书还得到了北京市自然科学基金项目（4194078）、北京市教育委员会科技计划一般项目（KM201910017006、KM202010017011）、北京市科学技术协会2021—2023年度青年人才托举工程项目、北京石油化工学院交叉科研探索项目（BIPTCSF-006）等的资助。

目录

序
前言
第1章 思考 ··· 1
　1.1 概述 ··· 1
　1.2 城市道路交通拥堵的本质 ·· 2
　　1.2.1 交叉口交通拥堵概述 ·· 2
　　1.2.2 交叉口交通拥堵的本质 ·· 4
　1.3 城市道路智能交通的未来 ·· 9
　1.4 城市道路交通控制概述与展望 ·· 13
　　1.4.1 研究现状 ·· 15
　　1.4.2 讨论与展望 ·· 17
　1.5 本书内容与结构安排 ··· 19
　1.6 小结 ··· 19
　参考文献 ··· 19
第2章 辨识 ··· 22
　2.1 概述 ··· 22
　2.2 基于综合投影的交叉口交通状态辨识 ······································ 22
　　2.2.1 问题描述及模型建立 ·· 23
　　2.2.2 基于综合投影的交叉口交通状态辨识方法 ····························· 27
　　2.2.3 仿真验证 ·· 32
　2.3 基于精细化理念的交叉口交通状态辨识 ··································· 35
　　2.3.1 问题描述与模型建立 ·· 35
　　2.3.2 交叉口交通状态综合辨识方法 ·· 36
　　2.3.3 仿真验证 ·· 39
　2.4 基于半监督哈希算法的交叉口交通状态辨识 ····························· 41
　　2.4.1 问题描述与模型建立 ·· 41
　　2.4.2 交叉口交通场景辨识方法 ·· 48
　　2.4.3 仿真验证 ·· 53
　2.5 小结 ··· 56
　参考文献 ··· 56
第3章 控制 ··· 57
　3.1 概述 ··· 57
　3.2 基于状态可控性分析的交叉口切换控制研究 ····························· 57
　　3.2.1 交叉口状态可控性分析 ·· 58
　　3.2.2 基于状态可控性分析的交叉口切换控制 ································ 62
　　3.2.3 仿真验证 ·· 66

3.3 基于时空资源动态分配的交叉口控制 ·· 70
 3.3.1 交叉口时空资源描述 ·· 70
 3.3.2 交叉口时空资源动态分配模型 ·· 73
 3.3.3 基于双层优化的时空资源动态分配 ·· 78
 3.3.4 仿真验证 ·· 82
3.4 场景驱动的交叉口主动控制 ·· 86
 3.4.1 交叉口主动交通控制框架 ·· 86
 3.4.2 交叉口主动交通控制模型 ·· 89
 3.4.3 场景驱动的交叉口主动控制算法 ·· 96
 3.4.4 交叉口交通控制模型退化描述 ·· 103
 3.4.5 仿真验证 ·· 106
3.5 基于广域雷达检测数据的交叉口常发溢流控制 ·· 112
 3.5.1 交叉口溢流成因分析 ·· 112
 3.5.2 受控交叉口有效检测区域内溢流辨识 ·· 112
 3.5.3 受控交叉口常发性溢流控制策略 ·· 116
 3.5.4 仿真验证 ·· 117
3.6 小结 ·· 119
参考文献 ·· 119

第4章 系统 ·· 121

4.1 概述 ·· 121
4.2 场景驱动的 UTCS-CPS ·· 121
 4.2.1 UTCS-CPS 的系统架构 ·· 122
 4.2.2 UTCS-CPS 的数据流结构 ·· 124
 4.2.3 UTCS-CPS 的主要功能 ·· 125
 4.2.4 UTCS-CPS 技术特征、关键技术与创新 ·· 129
4.3 新一代人工智能交通控制器 ·· 131
 4.3.1 新一代人工智能交通控制器总体架构 ·· 131
 4.3.2 新一代人工智能交通控制器软硬件架构 ·· 135
 4.3.3 新一代人工智能交通控制器应进一步解决的问题 ·· 137
4.4 场景驱动的交通控制一体化仿真系统 ·· 137
 4.4.1 一体化仿真系统架构 ·· 138
 4.4.2 仿真测试 ·· 142
4.5 小结 ·· 144
参考文献 ·· 144

第5章 总结与展望 ·· 146

第1章

思 考

1.1 概述

城市道路交通控制一直以来都被看作是缓解交通拥堵、解决交通问题的关键。回顾交通控制的百年发展历程，从依靠人工管理的无控制时期到未来以车辆为被控对象的无人驾驶时期，传统采用红绿灯为执行器的交通控制将逐渐被更精细的实时智能车辆控制所代替[1]。从单一车种交通流，到多车种混合交通流，再到整体受控车辆，城市道路交通控制的被动对象发生了深刻的变化。但也可以清晰地看到，无论理论与技术如何发展，道路交通的"时间线上'车占用物理空间'这一'实体资源问题'"[2]未发生改变。城市道路交通控制归根结底是一类对于时空资源分配的控制问题[3]。

然而，从交通控制理论的发展情况看，尽管城市道路交通需求呈现出混合且多样的发展特点和交通控制精细化要求不断提高的趋势，但传统交通控制理论发展缓慢，其在面对当前和未来城市道路交通的管控时已经在控制理念、控制手段和检测与状态识别等多个方面出现了不足。所以，急需从图1-1所示的被控对象、执行器、控制器等多角度开展深入研究。

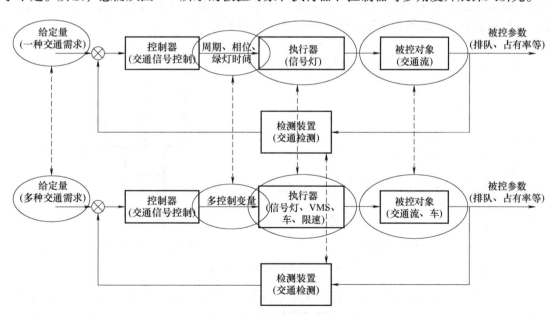

图1-1 城市道路交通控制结构

近年来，新理论、新技术的出现为城市道路智能交通控制领域的发展提供了新的思路和支撑。

1.2 城市道路交通拥堵的本质

1.2.1 交叉口交通拥堵概述

1. 交叉口常发拥堵的概念及空间特性

交通拥挤是指某一时段道路系统局部产生的车辆排队和延误等现象。目前，由于各国交通情况不同，所以定义也不尽相同。日本相关部门将道路拥挤长度在1km以上或拥挤时间在10min以上定义为交通拥挤[1]；美国相关部门将车速在22km/h以下的不稳定车流定义为拥挤流。我国相关部门则对拥挤路口给出了定义：车辆在无信号控制的交叉路口的车行道上受阻且排队长度超过250m，或者车辆在信号控制的交叉路口3次绿灯显示时间内未通过路口的状态定义为拥挤。

一般而言，严重交通拥堵现象的形成与传播过程可以分成以下三个阶段：首先，拥堵最初发生在路网的关键部位，或者仅在某些路段或交叉口相互独立地出现交通堵塞；之后，交通拥堵在网络上进行传播蔓延，影响到路网的其他区域；最后，由于得不到及时有效的控制，就很有可能在路网结构中形成拥堵闭环（Gridlock），导致大范围交通瘫痪。交叉口的交通拥堵在网络中的空间分布归纳为以下三种类型[2]：

- 点拥堵，指交通拥堵发生在一个独立的交叉口，只对与其相连接的几条路段产生影响，而未影响到与其相邻的交叉口，表现为一个或多个路段拥堵，但相互独立，如图1-2a所示。
- 线拥堵，指由于交通流量的激增（如流量高峰期）或局部交通堵塞未得到及时解决，而使得拥堵发生在相互关联的路段上，并主要分布在一条城市主干道上，表现为多个路段拥堵，且相互影响，形成线状主干道为主的拥堵，如图1-2b所示。

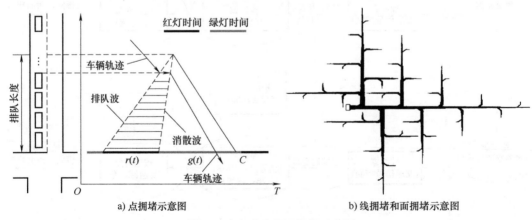

a) 点拥堵示意图　　b) 线拥堵和面拥堵示意图

图1-2　城市道路交通拥堵示意图

- 面拥堵，指交通拥堵分布于相互关联的路段，从而构成区域性交通拥堵，表现为多个路段拥堵互相关联，形成区域性的拥堵或堵塞。拥堵闭环是一种典型的面拥堵现象，如图1-2b所示。

2. 交叉口常发拥堵的典型情况分析

导致城市交叉口常发拥堵的原因主要有以下两个[3]：

1）道路自身的通行能力不足。通常这类交通拥堵是道路线形不佳、道路由宽变窄、道路标志不明显等因素严重影响车辆通行速度而造成的。

2）交通流在道路中一个特定地区的随机波动（如大型活动、节假日出行等）或驾驶人驾驶行为的不规则性，导致排队延伸及后溢。

以上原因造成的交叉口常发拥堵的典型情况可分为以下三类：

情况一，供需不平衡

如图1-3所示，对于给定的交叉口，在k时段内路段交通流量大于该方向交叉口的通行能力。这类拥堵的发生具有时空特性，时间上经常发生在高峰时段，空间上经常发生在城市主干线、次干线或普通道路的关键交叉口。

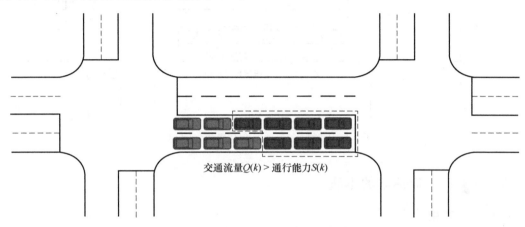

图1-3　k时段交通流量大于通行能力

情况二，交通流运行不稳定

如图1-4所示，对于交叉口的上游路段，在k时段内交通流运行的不稳定，导致路段平均车速降低、密度增加、通行车流量减少。这类拥堵的发生具有空间特性，当交通流运行不稳定情况发生在路段上时，将会造成路段通行能力降低；当交通流运行不稳定情况发生在靠近交叉口停车线时，将会降低相关相位的通行能力。造成交通流运行不稳定的主要原因是，在正常运行的交通流中当车头间距和车头时距较小时车辆出现了急加减速行为或换道行为[4]。

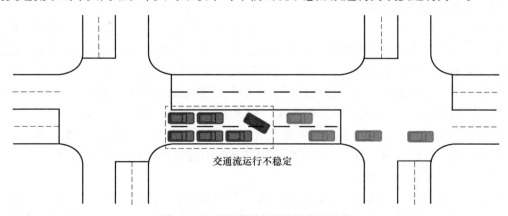

图1-4　k时段路段交通流运行不稳定

情况三，多车种混合交通流短时聚集

如图 1-5 所示，在 k 时段交叉口连接路段内出现包括紧急车辆、公交优先车辆、过饱和社会车辆等多车种混合交通流[5]短时聚集。传统交通控制通常将不同车种进行分割和分级，通过采用具有针对性的控制策略实现控制。其中，分级靠后的车种交通流产生了控制响应的时间滞后，致使由于某车种交通流的剧增导致了交叉口交通拥堵的产生。

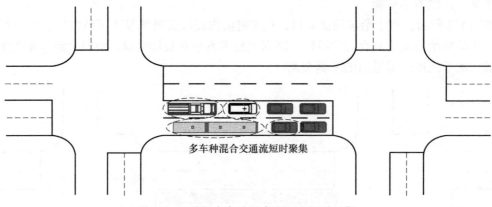

多车种混合交通流短时聚集

图 1-5　k 时段多车种混合交通流短时聚集

1.2.2　交叉口交通拥堵的本质

1. 问题与真相

作者虽然入行时间不长，然八载光阴也不算短，对于耳熟能详的一些结论总是有些疑惑。

- 城市道路交通拥堵的本质到底是不是需求大于供给，如果答案是否定的，那应该是什么？
- 现阶段交通拥堵是否能被解决，未来又如何？
- 智能交通方兴未艾，但城市交通的初心到底是什么？

交通管理始于安全！繁荣于效率！无奈于舒适！能耗与排放亦不能放过！那么，交通拥堵的本质到底如何呢？回归交通管理的初心去找原因，在只需要考虑安全的时代，好像并不需要关心是否拥堵，也就无关效率了；与效率相伴而行，拥堵也走上了历史舞台。

（1）为什么会不安全呢

因为交通参与者不同，有行人、驾驶人、骑车者；车也不一样，有大车、小车、自动驾驶的车、人机共驾的车、人驾驶的车；驾驶人也不一样，有熟练的，也有不熟练的；就算同一辆车，在不同时空下表现也会不一样。这些不一样，就叫异质性（Hetergeneity）吧，这里说的异质性比学术范畴的异质性更广泛，不但包括多车之间物理上的异质性（如大车和小车等），还包括单辆车自身的异质性表现（如速度的突然变化等）。

在全时空序列下，人们并不知道会发生什么，有多少车会走这条路，路上是不是有事故，是不是有车突然变速、哪些车左转等，这些就叫不确定性（Uncertainty）吧。

（2）为什么会效率不高呢

因为异质性表征，而且存在不确定性，人们不知道发生了什么？但这也不对，如果一条10车道的路上就两辆车，怎么可能效率不高呢？所以引发效率不高应该还有两个条件——积聚性（Accumulation）和受限性（Limitation）。也就是说，虽然是10车道，但是一下在有限时间内来了 1 万辆车，其中一些车表征了异质性，但人们对于来了多少车、是否有车表征了异质性、在什么地方表征的一概不知，这样效率就降下来了，换句话说拥堵发生了。

所以产生交通拥堵应该满足以下四个性质（见图 1-6）：
- 异质性（Hetergeneity）。
- 不确定性（Uncertainty）。
- 积聚性（Accumulation）。
- 受限性（Limitation）。

其中，异质性是本质，不确定性、积聚性和受限性是条件。

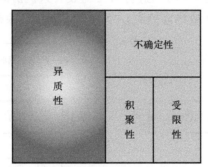

图 1-6　产生交通拥堵应该满足的四个性质

【例 1-1】
◇ 追尾事故（四个性质都表征了，即异质性、不确定性、积聚性和受限性）。
◇ 发生原因：A、B 两车，前车异质性表征（异质性），后车未能及时同步表征以使两车达到同质，如图 1-7 所示。
◇ 引发交通拥堵：当系统处于不确定性或确定程度不高（不确定性）时，后续车辆无法及时收到确定信息而改变行驶路径，且后续车辆流量较大（积聚性），发生事故处道路空间受限（受限性），后续车辆无法有序换道通过，且事故的处理时间较长，故会引发交通拥堵。

图 1-7　例 1-1 说明图

当车辆出现异质性表征时，后车通过快速异质性表征，向前车一致性转化，从而使得后车与前车达到同质性，这样能够快速消除异质性的影响和后续不良的演化。也就是说，车辆间的同质性或异质性并不是一成不变的，而是在一定的条件和范围内可变的，也可以相互转化。这与传统城市道路交通研究中的异质交通流是不同的（学术上，如"大车-小车""CACC-ACC""人-自动驾驶车"等的异质性一般认为是绝对异质或一成不变的异质）。

【例 1-2】
如图 1-8 所示，单个车辆有固有的性质，在微观视角下（单个车辆本身）不存在同质性或异质性，只有在中观、宏观视角下才具有同质性或异质性。但是需要说明，微观视角下单个车辆本身存在"异质性表征的能力"。

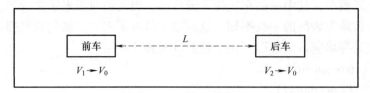

图1-8 例1-2说明图

【例1-3】

如图1-9所示,智能网联汽车可以进行人工驾驶、人机协同、机器驾驶这三种驾驶模式的切换,可描述为微观视角(或称为纳观)下存在"异质性表征能力"。

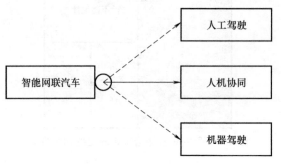

图1-9 例1-3说明图1

也就是说,当在系统中(或中观、宏观的多车中),车辆的"异质性表征能力"得以发挥。但要注意,同质性或异质性的表征具有条件和范围的约束,即只有车辆在一定时空范围内才能表征出同质性或异质性,超过该范围则不能表征,如图1-10所示。

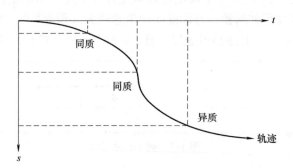

图1-10 例1-3说明图2

讲到这里,对于第一个问题"城市道路交通拥堵的本质到底是不是需求大于供给,如果答案是否定的,那应该是什么?"应该可以回答了——城市道路交通拥堵的本质是异质性、不确定性、积聚性和受限性的综合表达,而交通需求大于交通供给仅是对积聚性和受限性的现象的描述。

2. 交通流理论、交通控制和智能交通

(1) 交通流理论

交通流理论中的建模工具一般包括概率论模型、流体力学模型(如LWR模型)、动力学模型（元胞自动机、跟驰模型等）。图 1-11 所示的研究过程符合人们认识事物的一般方法，先宏观再中观后微观，先全局再局部。

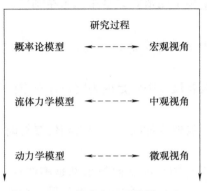

图 1-11　交通流理论建模工具

（2）交通控制

交通控制变量和车辆控制变量，如图 1-12 所示。交通控制变量丰富多样，包括时间变量（绿灯时间）、空间变量（相序、相位、车道属性）和时空变量（车速、空间属性）。但目前，交通控制变量的应用程度大多还比较初级——绿灯时间、相序、特定车道、车速。对于车辆控制变量的过去、现在和未来，都是纵向控制（速度）和横向控制（方向）这两个。这首先是由于车辆占用物理空间这一实体不变性，其次是物体移动的本质决定的。所以更深程度的交通控制变量代表了道路或宏观的智能化程度，同时也是需要更高的车辆自动化程度来匹配，所有的控制最终都将归为对车辆的横纵控制（这里先不说行人、非机动车）。

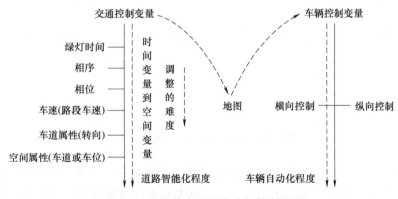

图 1-12　交通控制变量和车辆控制变量

交通控制与交通流理论的发展是相向而行的：一个是从宏观到微观，从大体到全貌再到细节；一个是从微观到宏观，从单点到干线再到区域。

（3）智能交通

以交通流和交通控制为理论基础的，以信息技术、网络化技术、自动化技术、人工智能技术等为技术支撑的智能交通能否真正解决交通拥堵呢？下面将一步步解答。

智能交通的技术和措施在干什么？答：包括如检测技术、定位技术、自动驾驶技术、智能交通技术、车路协同技术、信号控制技术、交通诱导技术等的智能交通技术，好像都在做

7

三件事——①增加确定性；②减少积聚性；③降低受限性。

比如检测技术，有断面检测、区域检测、低精度移动检测、高精度移动检测，那么把检测弄这么精准是为什么呢？是为了知道有多少车，车在哪里，车是什么状态。这是典型的增加确定性。

又比如交通诱导技术，为啥推荐车辆路线呢？是为了让车在有限时间内不扎堆、不聚集。这是典型的减少积聚性。

再比如车道展宽，为什么要展宽呢？是因为路口存车空间不足。这是典型的降低空间受限性。

还有如绿灯时间延伸，为啥要延伸呢？是因为相位绿灯时间不够。这是典型的降低时间受限性。

可以说过去和现在几乎所有的智能交通技术都是围绕这三件事开展的。也需要注意的是，如自动驾驶中的编队控制、车路协同中的速度引导、绿波控制中的速度推荐、超级时间表预约等在内的一些智能交通技术在关注上述三件事的同时，也隐约关注了异质性，只是有时并未意识到。所以，智能交通所有一切的研究、方法、技术、措施及存在的问题，都与四个性质（见图1-13）有关，并且都是围绕本质点引发或进行的。

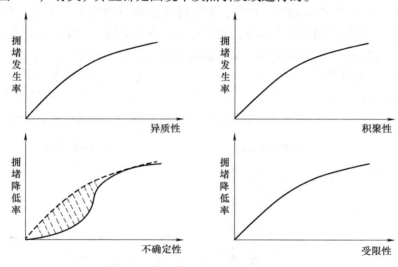

图1-13 拥堵与四个性质的一般关系

讲到这里，第二个问题"现阶段交通拥堵是否能被解决，未来又如何？"应该可以回答了——由交通参与个体间的异质性无法改变，过去和现在出现的交通拥堵不能被解决，只能被缓解（以后但凡遇到说能解决交通拥堵，可用这个观点反驳）；而未来的交通拥堵能够被解决，是由于交通参与个体的同质性（异质的同质性转化）决定的。

具体说来，道路交通拥堵产生的本质原因是，交通拥堵是由交通参与个体间的异质性导致的。过去和现在出现的交通拥堵现象是不能被消除的。也就是说，最根本的是人作为交通参与的主要个体的本质的异质性是不能消除的，这是由其基本属性决定的；交通参与个体行为的不确定性增加了交通拥堵发生的可能性和频率；积聚性和受限性，成为条件和约束。

对于未来交通，交通参与个体的本质属性将发生变化（自动驾驶），即人虽然仍作为交通参与个体，但是不再作为实际驾驶人。交通参与个体的异质性将逐渐消失，而个体之间的属性逐渐趋同（但不可否认，物体自身的异质性表征，在环境或其他因素影响下可能被激发）。因此，在未来中交通拥堵能够被消除，是由于交通参与个体的同质性（异质的同质性转化）决定的。

下面再说说为什么未来的交通拥堵现象能被消除。未来如果所有车辆均为自动驾驶车辆，且车辆的性能、尺寸等都在相同范围内，可以认为车辆具有同质性。此时，人作为乘客而不是驾驶主体，车辆的所有行为均由决策中心完成，即车辆行驶所需的时空资源完全基于有序的设计，什么时间应该在什么地点完全由决策中心控制。车辆自身不再表征异质性，车辆之间也不存在异质性，因此便不会出现交通拥堵。同时，由于车辆均属中心管理，因此交通参与个体的不确定性完全转化为确定性，也增加了消除交通拥堵的条件，并且由于所有车辆的时空资源有序排列便也不再有积聚性和受限性问题（但当车辆脱离中心管理，则异质性将被表征，此时可能再次引发交通拥堵等现象）。

1.3 城市道路智能交通的未来

通过图 1-14～图 1-16 所示关系，可以进一步理清交通的本质与核心、智能交通的演进与未来。

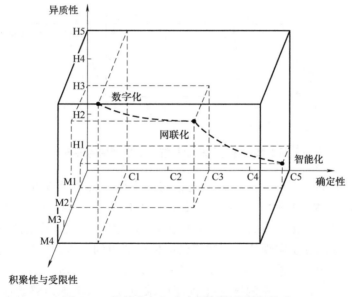

图 1-14 智能化与解决交通拥堵的预期关系

1. 四个核心性质

如前所述，关乎交通拥堵的四个核心性质如下：
- 异质性（Heterogeneity）。
- 不确定性（Uncertainty）。
- 积聚性（Accumulation）。
- 受限性（Limitation）。

异质性是本质，不确定性是条件，积聚性和受限性是约束。

例如，交通控制以安全为基础，再演进至效率、舒适和节能。安全，本质上是对异质性的考虑；效率、舒适和节能，本质上是对积聚性和受限性的考虑；而不确定性，是考虑问题的条件，同时也是解决问题的方向和方法。

注意，四个性质并非正相关。例如，当交通控制变量增加（增加了车道属性控制等）时，会降低不确定性、增加确定性；但是，同时可能增加异质性，如驾驶人无法有效获得车道控制信息、变道不及时等驾驶行为将增加异质性，此时会导致控制效果更差。

这里先采用一个简单的非线性方程予以描述：$P=f(H, U, A, L)$。其中，P 表示本质特性的表达程度；H 表示异质性；U 表示不确定性；A 表示积聚性；L 表示受限性。这样便可以描述交通的本质特性与智能化、交通拥堵等情况的关系。

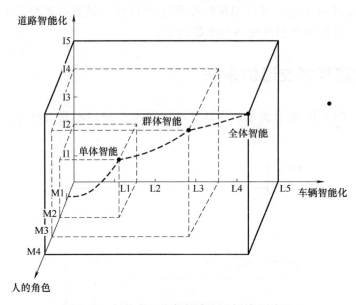

图1-15 智能化程度与解决交通拥堵的关系

在智能交通发展的过程中，人作为交通参与的主体，其角色逐渐在发生变化。图1-15中，M1表示人驾驶，M2表示人机交互，M3表示人机共驾，M4表示无人驾驶。人的角色发生的变化是由车辆智能化和道路智能化共同决定的。因此，只有将道路智能化与车辆智能化结合并协同时，才能逐步实现从单体智能到群体智能再到全体智能的演化。

下面以人机共驾M3为例，如果不考虑道路智能化，实现单车的人机共驾，此时需要考虑的因素多且复杂，并且对单车的智能化程度要求更高。当考虑道路智能化（即考虑车路协同环境）时，对于单车的人机共驾，由于道路提供了宏观且丰富的信息，反而对单车的智能化程度要求并非太高。例如，利用网格化技术实现车路协同条件下的人机共驾，如图1-16所示。

2. 车、路、服务

如图1-17所示，车辆的智能化以单车最优为目标，立足个体和微观；道路智能化以全体车辆最优为目标，立足全体和宏观。其实两者最终的控制变量相同，都是车辆的横纵控制量（道路智能化通过交通控制变量间接作用于车辆的横纵控制量）。因此，两者必须相结合才能实现真正的交通智能化的目标，而交通智能化的最终目标是提供给乘客智能化、个性化和全时在线的便捷出行服务。

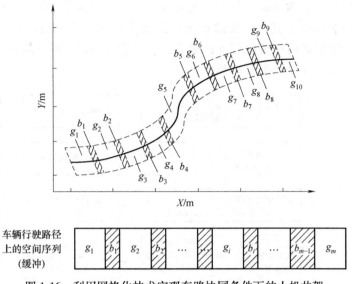

图 1-16 利用网格化技术实现车路协同条件下的人机共驾

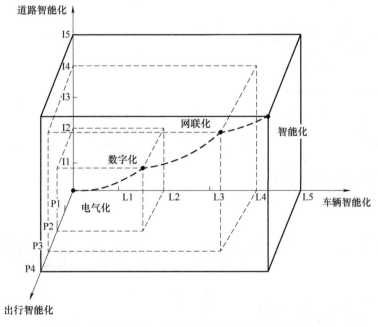

图 1-17 车辆智能化、道路智能化与出行智能化的关系

3. 小结

如图 1-14、图 1-15 和图 1-17 所示,交通的本质与核心也许已经很明确,智能交通的演进与未来即在眼前。未来智能交通将以安全为基础、以效率为目标、以节能减排为抓手,通过数字化升级、网联化转型和智能化变革,实现更透彻的感知、更广泛和快速的互联互通、更深入的智能化,从而为乘客提供智能化、个性化和全时在线的便捷出行服务。

通过对交通本质特性的理解,通过对人、车、路、服务的分析,要实现上述描述的愿景,必须达到道路智能化的 I5 和车辆智能化的 L5。这首先需要以基础设施网、信息网、能源网、交通网的四网融合为基础。其次，突破人类自身感知和反应能力的约束，实现协同智能化最终达到完全智能化；其次，突破传统交通流理论的约束，通过广义控制改变交通行为，实现全景全局实时的时空资源调度；最后，突破信息不确定性的约束，由个体和局部最优转向全局最优，如图1-18~图1-20所示。

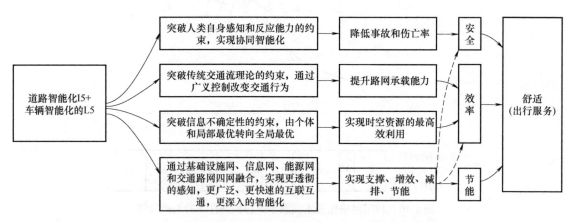

图1-18　道路智能化的I5和车辆智能化的L5要解决的问题

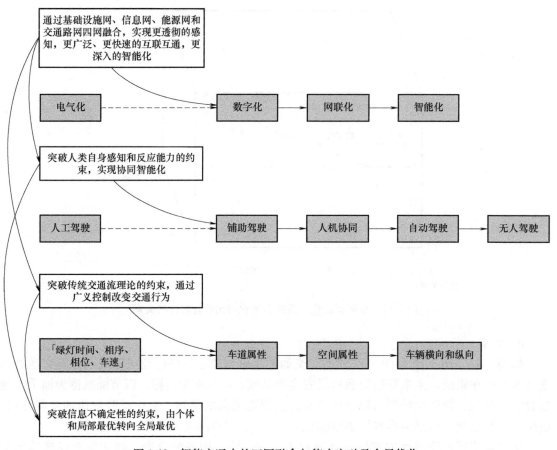

图1-19　智能交通中的四网融合与能力突破及全局优化

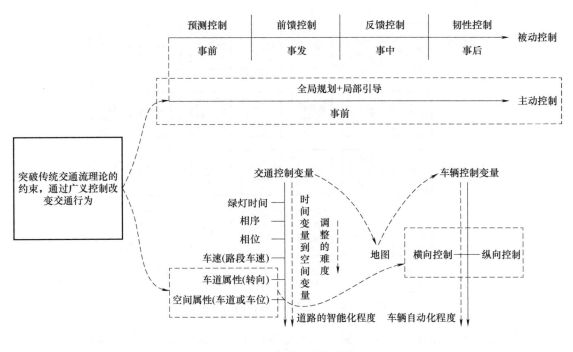

图 1-20 交通理论的改进

1.4 城市道路交通控制概述与展望

作为理论与技术创新应用的重要领域，城市道路交通长期得到国内外学者的关注。其中，城市道路交通控制作为保障居民出行安全、出行效率和出行舒适度的主要措施，更是成为该领域研究的重点。我国城市道路交通控制的研究与实践在近百年的发展历程可分为4个阶段，分别称为交通控制1.0（机械化）、交通控制2.0（电气化）、交通控制3.0（信息化）和交通控制4.0（智能化）。图1-21给出了4个发展阶段中，交通控制对象、目标、方法、执行器、检测和评估的演进情况。

交通控制1.0，以上海出现的第一个人工切换红绿灯为代表，是我国城市道路交通控制的初始阶段。交通控制2.0和交通控制3.0则是历时最长也是对改善城市交通贡献最大的阶段，以20世纪80年代交通控制系统SCOOT和SCATS进入我国为标志，推动了我国城市交通控制信息化的进程，同时也促进了国家相关部门和国内学者在交通控制系统的研究和研发领域的投入。2000年以后，尤其是近几年我国城市居民交通出行需求的成倍增长，且呈现出具有我国地域特点的混合交通流特性。交通需求的多样性、交通流复杂特性、城市发展不均衡性及被控对象的不确定性等，对城市交通控制的理论、控制策略和控制手段都提出了新的要求。特别是在大数据、云计算、边缘计算、人工智能、物联网、车联网等技术快速发展的今天，我国城市交通控制进入了以智能化为核心的交通控制4.0时代，其更强调在未来城市交通背景下信息、计算和控制的深度融合。

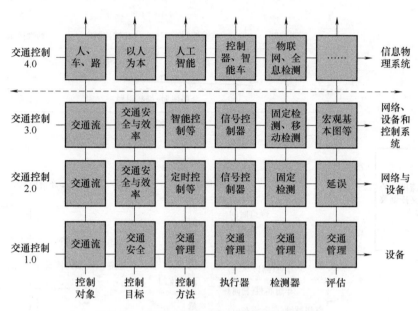

图 1-21 我国城市道路交通控制的发展阶段

如图 1-22 所示，回顾从交通控制 1.0 到交通控制 3.0 的发展历程，可以发现，不变的是技术的演进、检测数据类型、控制对象、控制目标和执行器，变化的是控制方法；而从交

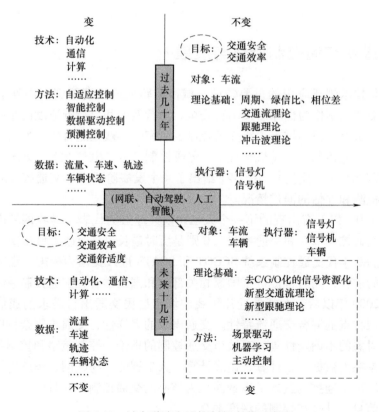

图 1-22 城市道路交通控制的变革示意图

通控制 3.0 到交通控制 4.0，变化最为明显的是控制对象、控制目标、控制方法和执行器。其中，控制对象从交通流变为人、车与路的协同；控制目标由交通安全与交通效率增加为交通安全、效率与出行者舒适度；执行器从信号控制器变为信号控制器、交通标志、智能车辆等。这些都表明，城市道路交通控制关注的主体已经从交通流转变为交通参与者，这不但契合了当前新技术的演进和越来越丰富的应用场景，也符合我国一直倡导的"以人为本"的理念。

在对与城市道路交通控制有关的国内外研究进行概述的基础上，本节对传统交通控制存在的问题和未来研究中的重点和应着力解决的关键问题进行了展望。

1.4.1 研究现状

1. 交通控制

以传统城市道路交通控制理论为基础，结合现代控制、智能控制、人工智能等理论的模型与算法在交通控制领域已实现了长足的发展和应用，并由此形成了许多细分研究领域和分支。现代控制理论假设受控对象的数学模型已知，基于现代控制理论的交通控制方法大多称为基于模型的交通控制（Model Based Traffic Control，MBTC）[6]理论与方法。21世纪初期，交通信息化的推进和检测技术的发展，使得交通检测数据的种类、精度都得到极大的提升，同时道路交通出行需求的爆发式增长使得传统交通控制方法已捉襟见肘，为此研究人员开始思考基于数据驱动的交通控制（Data Driven Based Traffic Control，DDBTC）[7]理论与方法。即，考虑在难以准确建模受控系统时仅利用系统的输入、输出数据，实现控制与决策。近几年，人工智能理论与方法的突破和大规模云计算与边缘计算技术的演进，推动了以人工智能方法为核心的新型智能控制的发展，部分学者提出了基于人工智能的交通控制（Artificial Intelligent Based Traffic Control，AIBTC）理论与方法。本节从三个方面系统回顾和分析城市交通控制方法的研究，包括基于模型的交通控制、基于数据驱动的交通控制和基于人工智能的交通控制。

（1）基于模型的交通控制

传统的交通控制大多都能归为基于模型的交通控制，这里只简单回顾采用了现代控制理论思想与方法的研究。Chang 等[8]建立了不同相位控制的交叉口离散优化模型，并采用极小值原理对交叉口最佳周期和各相位最佳绿信比进行求解。Liu 等[9]认为过饱和交通状态的信号优化问题可以以交通的到达率和驶离率作为效率评价指标，并以驶离交通量大为目标建立动态线性规划模型，通过优化求解该模型可得到信号控制最优方法。何忠贺等[10]将切换服务系统应用到交叉口信号控制中，设计了"带有服务时间上限的固定相序切换"服务策略，并进行了切换服务系统周期稳定性的研究。张玲玉等[11]以存储转发模型为基础，利用 LQR 实现交叉口控制。向伟铭等[12]通过将过饱和状态下排队车辆消散问题抽象为一类离散事件切换系统的指数稳定性问题，将排队溢出问题视为该类系统的有界性问题，建立了信号交叉口的离散时间切换系统模型，并采用李雅普诺夫（Lyapunov）函数方法分析了信号交叉口的稳定性和有界性，同时给出了排队消散的控制策略。

（2）基于数据驱动的交通控制

数据驱动控制的定义是"控制器设计不包含受控过程数学模型信息，仅利用受控系统的在线和离线 I/O 数据及经过数据处理而得到的知识来设计控制器，并在一定的假设条件下，有收敛性、稳定性保障和鲁棒性结论的控制理论与方法"[13]。侯忠生课题组最早提出数据驱动控制并将其应用于交叉口信号控制。郝建根等[14]将结构已知的数据驱动方法应用于过饱和单交叉口、交通干线、快速路出入口的控制，提出了面向不同对象的排队长度均衡控制的方法。齐驰等[15]引入近似动态规划（Approximate Dynamic Programming，ADP）方法，实时动态调整各相位绿灯时间，达到排队长度均衡的控制目标，该算法具有自学习和自适应的特性，不依赖系统模型。李永强等[16]考虑了排队消散时间及放行相序对优化结果的影响，实现非饱和情况下的数据驱动交通响应绿波协调信号控制。

（3）基于人工智能的交通控制

20世纪80年代，以神经网络、模糊控制、专家系统等为代表的传统智能控制理论与方法逐渐成熟，得到交通控制领域学者的关注，并逐渐推广到交通控制建模与优化中，形成了以传统智能控制为基础的交通控制研究方向，本书并不赘述。这里主要回顾近年来以强化学习为代表的新型人工智能算法在交通控制中应用的研究交通控制问题已被证明是一种非常适合强化学习方法的实验方案[17]。强化学习可以通过在线学习不断提高算法的性能，并随时适应交通需求的变化，其在交通控制中具有较大的优势，但在研究和实践中还存在着许多挑战，如缺乏训练数据和定制化的交通控制策略。目前，利用强化学习实现交通控制的研究主要集中在单交叉口信号控制。其中，多数是基于单智能体来实现单交叉口控制，即单智能体强化学习（SARL）。虽然这类方法应用在大规模路网控制时可能存在不足，但它并没有阻碍大规模路网控制。它对独立交叉口或小规模道路网络控制的贡献，在许多已发表的文章中进行了描述[18]。尽管强化学习在单交叉口控制中具有很强的适用性，但考虑到城市交通流的波动性和非线性，许多进一步的研究指向了深度强化学习[19]。其特点是通过深度学习实现感知，利用强化学习完成决策，来与城市交叉口的感知和控制相匹配。深度强化学习在2016年由美国谷歌（Google）公司提出并应用于阿尔法围棋（AlphaGo）算法时受到了极大关注[20]。目前，深度Q学习及其扩展算法在交通控制中得到了广泛的应用。它们大多将城市交叉口描述为可观测的马尔可夫过程，然后利用对车辆位置、速度和加速度的识别，来构造Q值表，实现控制决策与优化[21]。

2. 交通需求辨识

由于交通需求具有多维度、复杂性和时变性等特点，因此准确辨识交通需求是实施有效的交通控制策略的前提。目前，国内外学者针对城市道路交叉口交通状态辨识的研究主要面向过饱和状态识别，并集中在以下两类。

（1）利用检测数据与交通波理论估计排队长度，进而判别交通状态

Liu等[22]利用上下游部署的线圈检测器的数据估计排队长度，进而识别交叉口的过饱和状态；钱喆等[23]在其基础上完善了判别方法。Ban等[24]通过移动检测数据测量旅行时间估计出排队长度并设计了交叉口过饱和状态，而Li等[25]则通过移动检测的轨迹数据设计辨识方法。Antoniou等[26]从多源动态数据入手分析交叉口过饱和状态。唐少虎等[27]则以视频数据得到交叉口状态判别结果。

（2）采用饱和度参数、交通参数判别交通状态

Gazis[28]最早给出交叉口过饱和定义，并提出了基于饱和度判别的方法。Dion等[29]提出基于延误时间比较的交叉口交通状态判别方法。聂建强等[30]利用战略检测器与战术检测器

的时间占有率,提出一种相位交通状态判别模型。陈兆盟等[31]将车头时距的方差与时间占有率作为参数,结合周期排队车辆的消散,提出一种结合信号优化的交通状态判别方法。吴志勇等[32]从深度学习角度出发,提出一种离散化交通状态判别方法。

3. 交通控制仿真

以交通工程和计算机技术为起源的城市道路交通仿真技术,自20世纪50年代以来已经取得了突飞猛进的发展,目前已经成为城市交通规划设计、交通系统实验分析、交通控制算法研发、交通流理论研究、车路协同、公交优先、自动驾驶等诸多领域的重要研究和验证手段。我国在该领域的应用和研究起步稍晚,始于20世纪80年代,在城市交通控制仿真研究上主要引进和使用的是国外商业化交通仿真软件。经过几十年的发展,目前国内城市道路交通控制仿真方向的研究集中在下述两个方向。

(1) 离线仿真

传统的交通仿真并非专为交通控制研发的,初期主要是用于交通规划、交通工程、交通流理论等的研究。近年来,部分微观仿真软件通过升级的形式增加了对交通控制的支持,以采用PARAMICS、VISSIM、SUMO等为基础进行二次开发实现信号控制算法较多。例如,刘畅[33]利用COM接口技术,设计了VisVAP-VISSIM-MATLAB结合的感应控制仿真平台,对单交叉口实现了对定时控制和感应控制的仿真;韦钦平[34]以单路口为研究对象,以VISSIM-Excel VBA-MATLAB仿真平台为基础,通过VISSIM-Excel VBA接口和Excel VBA-MATLAB接口,构建了实时交通控制平台;卢守峰等[35]提出了利用Excel VBA作为主控程序将VISSIM与MATLAB进行集成构建交通控制仿真平台的方法。

(2) 在线仿真

智能交通背景下,由于各种先进的信息技术的引入,使得实时的在线交通仿真成为可能。在线仿真的运行机制是在计算机内的仿真系统与实际的交通管理系统同步,运行过程中仿真系统不断接收最新采集的交通检测信息,调整计算机内部的仿真系统使其尽可能准确地反映当时的真实道路交通情况;然后,在对未来一定时间内动态交通需求预测的基础上,快速测试不同的交通管理方案,并将性能最好的方案作为实施方案[36]。目前,在线仿真的研究多集中在硬件在环交通控制仿真方向。柳祖鹏等[37]以上海宝康GBS2000信号控制机与VISSIM交通仿真软件结合实现了硬件在环仿真平台研究。于泉等[38]提出研究交通控制硬件在环实时一体化仿真平台的设计方案。余贵珍等[39]建立基于交通微观仿真软件的城市多路口交通控制仿真场景,并与外部的信号控制器建立硬件在环系统,实现仿真场景与交通控制器的实时信息交互,形成符合实际交通控制情景的仿真环境。Li等[40]基于NTCIP标准设计了硬件在环实时交通控制仿真平台。

1.4.2 讨论与展望

(1) 传统交通控制理论存在制约性

传统交通控制体系的形成与当时技术形态密不可分,包括电子计算机、控制器等的周期性运行,其目标为保障车辆通行安全,形成了以周期、绿信比、相位差的时间参数和相位、相序的空间参数为特征的交通控制理论。尤其是欧美国家所制定的标准体系,如NEMA-TS2等,已将其标准化定义在交通控制软硬件逻辑设计中。虽然我国也制定了包括国标GB 25280—2016《道路交通信号控制机》等的相关标准,但是目前行业已有很大变化。交通控制理论自建立至今，基础体系变化不大，相应创新主要集中在优化算法或控制方法上。然而，传统交通控制理论体系未能匹配上人工智能在该领域的发展要求，其中最为关键的传统交通控制理论中的相位相序的不变性成为最大的瓶颈。可以说，人工智能算法或其应用领域的局限性与传统交通控制的局限性的碰撞，在备受束缚的交通控制体系中，无法发挥其真正的能力。

（2）传统检测数据无法全面有效表征交叉口交通需求

传统交通检测数据（流量、占有率、排队长度等）由于检测粒度粗、统计特性强，只能在单一方面刻画交叉口的交通需求，无法全面表征交叉口的交通需求特征，这主要是因为目前的数据多为加工后的数据（第二、三手数据），已经在本质上忽略了原始数据的丰富性和扩展性。交叉口交通需求的辨识应满足两个条件：第一，当前交通需求应包含控制策略做出最优决策所需的全部信息，其为做出最优决策的基础；第二，没有或仅存在少量冗余、非必需的信息，其主要影响智能算法的学习、训练和计算的时间。

（3）基于实时数据驱动的在线交通控制仿真系统有待研究

传统交通仿真系统基于静态、后验证性的设计理念，无法应用于需要实时性演化验证的在线交通控制中。传统仿真软件如PARAMICS、VISSIM等仿真不够真实，主要原因是参数标定、模型标定带来的误差过大且无法根本消除。由于仿真软件产生的历史时期和当时技术条件的限制，无法获得实时、高质量的检测数据，因此需要研究和设计跟驰模型、交通流模型等。模型的假设和约束进一步削弱了仿真的真实性，但其确实促进了城市交通领域研究的进步，成为交通理论研究中重要的验证工具。未来需要利用实时检测数据和历史检测数据自动标定参数，设计无模型的仿真驱动内核，才可能从根本上解决目前交通仿真的困境。同时，构建与真实交通相仿的体系[41]，研发基于平行系统理念[42]的在线交通仿真用于仿真系统，来与实际的交通管理系统同步，通过仿真推演实现交通控制的预测性优化和实时在线评价。

（4）支撑先进算法的计算能力、存储能力和网络能力的智能交通控制器有待研究

传统交通控制器的研发和设计，基于传统的交通控制理论，定位为执行器，并未考虑人工智能等先进算法应用时所需的计算能力、存储能力和网络能力等，因此限制了其在交通控制领域的实际应用。同时，面向未来的城市交通中物联网、人联网、车联网等场景在算力、仿真、存储、网络、优化等方面的需求，交通控制器将以全新的形态成为边缘计算、数据汇聚、网络结合的城市关键节点。

（5）智能交通控制系统有待深入探讨和研究

智能控制的一个典型的特点是，它至少是人工智能与控制论的交集。由此可见，如SCOOT、SCATS等国外较为先进的交通控制系统也不能归为智能交通控制系统，主要是因为传统交通控制系统设计中缺乏对人工智能的引入和支撑。目前，以互联网企业为首推动的各类交通大脑也不宜归为智能交通控制系统，原因是其缺乏对控制论的理解和应用。智能交通控制系统对信息、计算和控制提出的要求正好契合了信息物理系统（CPS）的特点。研究以CPS为总体架构，以车路协同、人工智能、云边协同为技术支撑的智能交通控制系统，将能够适应更多的未来交通场景下交通需求的变化。

1.5 本书内容与结构安排

本书内容结构如图 1-23 所示。

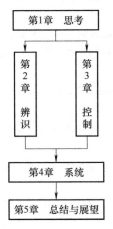

图 1-23 本书内容结构

本书根据城市道路交叉口信号控制的研究内容和理论体系，共分 5 章进行论述：第 1 章简要介绍城市道路交通拥堵发生的本质、未来智能交通发展途径及城市交通控制的发展历程；第 2 章详细介绍交通状态辨识方法和技术；第 3 章阐述交叉口被动控制和主动控制的理论与分析；第 4 章介绍基于信息物理系统的城市交通控制系统、人工智能交通控制器和场景化实时在线仿真系统的具体理论与技术架构；第 5 章总结研究结果和展望未来发展。

1.6 小结

交通控制被誉为智能交通皇冠上的明珠，本章在充分分析城市交叉口交通拥堵产生的本质原因和畅享城市道路交通未来发展的基础上，对交通控制进行了回顾和展望，指明了研究内容和未来方向，最后说明了本书的理论体系和章节安排。

参 考 文 献

［1］陈楠楠，周彤梅. 缓解快速路常发交通拥堵的对策研究［J］. 中国人民公安大学学报（自然科学版），2010，16（1）：83-86.
［2］龙建成. 城市道路交通拥堵传播规律及消散控制策略研究［D］. 北京：北京交通大学，2009.
［3］WRIGHT C, ROBERG P. The conceptual structure of traffic jams［J］. Transport Policy, 1998, 5（1）：23-35.
［4］ZHANG H M, KIM T. A car-following theory for multiphase vehicular traffic flow［J］. Transportation Research Part B: Methodological, 2005, 39（5）：385-399.
［5］唐铁桥，黄海军. 道路交通行为建模分析与应用［M］. 北京：科学出版社，2014：70-77.
［6］PAPAGEORGIOU M, DIAKAKI C, DINOPOULOU V, et al. Review of road traffic control strategies［J］. Proceedings of the IEEE, 2003, 91（12）：2043-2067.
［7］侯忠生，许建新. 数据驱动控制理论及方法的回顾和展望［J］. 自动化学报，2009, 35（6）：650-667.

［8］ CHANG T H, LIN J T. Optimal Signal Timing for an Oversaturated Intersection［J］. Transportation Research Part B, 2000, 34（6）：471-491.

［9］ LIU H, BALKE K N, LIN W. A Reverse Causal-Effect Modeling Approach for Signal Control of an Oversaturated Intersection［J］. Transportation Research Part C, 2008, 16（6）：742-754.

［10］ 何忠贺, 陈阳舟, 石建军. 切换服务系统的稳定性及交叉口信号配时［J］. 控制理论与应用, 2013, 30（2）：194-200.

［11］ 张玲玉. 交通走廊综合建模与控制方法研究［D］. 北京：北方工业大学, 2017.

［12］ 向伟铭, 肖建, 蒋阳升. 基于切换系统的过饱和信号交叉口混杂控制［J］. 交通运输系统工程与信息, 2014, 14（2）：57-61.

［13］ HOU Z S, XU J X. On Data-driven Control Theory：the State of the Art and Perspective［J］. Acta AutomacticaSinica, 2009, 35（6）：650-667.

［14］ 郝建根, 侯忠生, 柳向斌. 基于多参数规划的单交叉口排队长度均衡控制［J］. 控制与决策, 2013 (4)：595-599.

［15］ 齐驰, 侯忠生, 贾琰. 基于排队长度均衡的交叉口信号配时优化策略［J］. 控制与决策, 2012, 27 (8)：1191-1194.

［16］ 李永强, 李康, 冯远静. 数据驱动交通响应绿波协调信号控制［J］. 控制理论与应用, 2016, 33 (5)：588-598.

［17］ BAZZAN A L C. Opportunities for multiagent systems and multiagent reinforcement learning in traffic control［J］. Autonomous Agents and Multi-Agent Systems, 2009, 18（3）：342-351.

［18］ ABDULHAI B, PRINGLE R, KARAKOULAS G J. Reinforcement learning for true adaptive traffic signal control［J］. Journal of Transportation Engineering, 2003, 129（3）：278-285.

［19］ 刘全, 翟建伟, 章宗长, 等. 深度强化学习综述［J］. 计算机学报, 2018, 41（1）：1-27.

［20］ MNIH V, KAVUKCUOGLU K, SILVER D, et al. Human-level control through deep reinforcement learning［J］. Nature, 2015, 518（7540）：529-530.

［21］ MOUSAVI S S, SCHUKAT M, HOWLEY E. Traffic light control using deep policy-gradient and value-function-based reinforcement learning［J］. IET Intelligent Transport Systems, 2017, 11（7）：417-423.

［22］ LIU H X, WU X, MA W, et al. Real-time queue length estimation for congested signalized intersections［J］. Transportation Research Part C, 2009, 17（4）：412-427.

［23］ 钱喆, 徐建闽. 基于线圈检测的过饱和交通状态判别［J］. 华南理工大学学报（自然科学版）, 2013, 41（8）：93-98.

［24］ BAN X, HAO P, SUN Z. Real time queue length estimation for signalized intersections using travel times from mobile sensors［J］. Transportation Research Part C, 2011, 19（6）：1133-1156.

［25］ LI F, TANG K, YAO J, et al. Real-Time Queue Length Estimation for Signalized Intersections Using Vehicle Trajectory Data［J］. Transportation Research Record Journal of the Transportation Research Board, 2017, 2623：49-59.

［26］ ANTONIOU C, KOUTSOPOULOS H N, YANNIS G. Dynamic data-driven local traffic state estimation and prediction［J］. Transportation Research Part C, 2013, 34（9）：89-107.

［27］ 唐少虎, 刘小明, 陈兆盟. 基于视频数据的交叉口状态判别及排队长度估计［J］. 道路交通与安全, 2015, 15（1）：58-64.

［28］ GAZIS D C. Optimum Control of a System of Oversaturated Intersections［J］. Operations Research, 1964, 12（6）：815-831.

［29］ DION F, RAKHA H, KANG Y S. Comparison of delay estimates at under-saturated and over-saturated pretimed signalized intersections［J］. Transportation Research Part B, 2004, 38（2）：99-122.

[30] 聂建强, 徐大林. 基于占有率的信号相位交通状态实时判别模型 [J]. 指挥控制与仿真, 2013, 35 (1): 123-127.

[31] 陈兆盟, 刘小明, 吴文祥, 等. 结合信号控制的交通状态及其真实性判别方法 [J]. 重庆交通大学学报(自然科学版), 2016, 35 (6): 95-100.

[32] 吴志勇, 丁香乾, 鞠传香. 一种基于深度学习的离散化交通状态判别方法 [J]. 交通运输系统工程与信息, 2017, 17 (5): 129-136.

[33] 刘畅. 基于VISSIM的城市道路交叉口自适应信号控制仿真技术研究 [D]. 南昌: 华东交通大学, 2015.

[34] 韦钦平. 基于Q学习的多路口交通信号协调控制研究 [D]. 长沙: 长沙理工大学, 2012.

[35] 卢守峰, 韦钦平, 沈文, 等. 集成VISSIM、Excel VBA和MATLAB的仿真平台研究 [J]. 交通运输系统工程与信息, 2012, 12 (4): 43-48.

[36] 邹智军. 新一代交通仿真技术综述 [J]. 系统仿真学报, 2010, 22 (9): 2037-2042.

[37] 柳祖鹏, 刘守阳, 李思君, 等. 交通控制硬件在环仿真平台的开发与实现 [J]. 交通信息与安全, 2013, 31 (3): 126-130.

[38] 于泉, 荣建. 交通控制硬件在环实时仿真平台设计 [J]. 重庆工学院学报(自然科学版), 2009, 23 (10): 57-60.

[39] 余贵珍, 任毅龙, 王云鹏, 等. 多路口交通控制硬件在环仿真系统 [J]. 公路交通科技, 2013, 8 (1): 67-72.

[40] LI P, MIRCHANDANI P B. A New Hardware-in-the-Loop Traffic Signal Simulation Framework to Bridge Traffic Signal Research and Practice [J]. IEEE Transactions on Intelligent Transportation Systems, 2016, 17 (9): 2430-2439.

[41] 黄琳, 杨莹, 李忠奎. 关于智能控制的几个问题 [J]. 中国科学: 信息科学, 2018, 48 (8): 154-162.

[42] 王飞跃. 人工社会、计算实验、平行系统——关于复杂社会经济系统计算研究的讨论 [J]. 复杂系统与复杂性科学, 2004, 1 (4): 25-35.

第 2 章

辨　　识

2.1　概述

交叉口交通状态辨识的目的是，分析和理解交通流的情况，为实施有效的交通控制提供依据。以典型交通控制系统为例，绿信比、周期、相位差优化技术（Split Cycle Offset Optimizing Technique，SCOOT），利用停车线上游的 80~150m 设置的检测器估计排队长度，实现对阶段时间的小步长调整；悉尼自适应交通控制系统（Sydney Coordinated Adaptive Traffic System，SCATS），通过停车线附近的检测器检测车辆通行时间，以检测得到绿灯时间饱和度为依据，在方案库中进行控制方案选择。因此，有效辨识交叉口的交通状态乃至交通场景是实施精准决策与控制的前提。

2.2　基于综合投影的交叉口交通状态辨识

随着时间的变化，交通流呈现出不同的波动特性，反映在交叉口上即出现不同交通状态交替的现象。随着汽车保有量的不断攀升，城市交叉口交通状态变化日趋明显。因此，城市交叉口不同状态下的交通控制理论与方法的研究有其特殊性。

研究不同交通状态下交叉口交通流特性和信号控制，首先应从交叉口交通状态的界定入手，对此国外的相关研究开展较早。本章参考文献［1］认为过饱和状态是当一个交叉口所有进口道的到达流量大于交叉口的通行能力，即在绿灯放行时间排队的车辆无法全部释放，排队不断增加。本章参考文献［2］将无排队溢出作为交叉口是否处于过饱和状态的关键判别指标。

国内对于交通状态判别的研究则相对起步较晚。林瑜等[3]采用行车速度与排队长度的空间占有比例作为拥挤程度的判别指标，并应用模糊算法对拥挤程度进行量化，从而设计了隶属度函数和判断规则的形式，形成了过饱和交通的状态量化方法。王殿海等[4]提出了路网宏观交通状态参数的选取原则，并通过二流理论给出宏观交通流参数之间的数学关系，从而建立了路网宏观交通流状态判别模型。

综上所述，现有研究多是从车辆排队溢出、交通供需或交叉口饱和度等角度对交叉口交通状态进行界定的，并未深入考虑信号控制本身对交叉口交通状态的影响。本节则选择从交叉口相位的流量和所获绿信比之间的关系入手，采用综合投影的方法对交叉口的交通状态进行界定，同时该方法还能给出绿信比的取值范围，能为交通控制提供更便利的条件。

2.2.1 问题描述及模型建立

1. 流量-绿信比三维关系

选取典型两相位控制的单交叉口进行建模研究,交叉口的相位分别为"东西直行"和"南北直行",如图 2-1 所示。

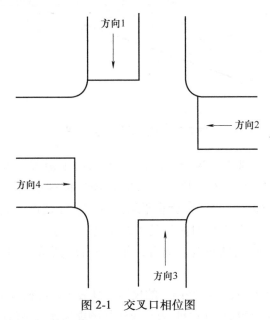

图 2-1 交叉口相位图

其中各方向的排队长度定义如下:

相位 1 北直行和南直行的排队长度分别为 $x_{1,3}(k)$ 和 $x_{3,1}(k)$。

相位 2 东直行和西直行的排队长度分别为 $x_{2,4}(k)$ 和 $x_{4,2}(k)$。

为了便于简化系统分析和控制策略的设计,选择相向而行的两个行驶方向中排队长度较长的作为相位排队长度变量 $x_i(k)$,具体定义为

$$x_i(k) = \max\{x_{i,i+2}(k), x_{i+2,i}(k)\}, \quad i=1, 2$$

交叉口各相位之间由于切换序列的存在是离散的,但各相位的排队长度在采样周期内是连续变化的。因此可建立以下模型:

$$x_i(k+1) - x_i(k) = C[q_i(k) - u_i(k)\lambda_i(k)] \tag{2-1}$$

式中,$x_i(k)$ 为相位 i 的排队长度;C 为信号周期;$q_i(k)$ 为相位 i 的流入率;$u_i(k)$ 为相位 i 的流出率;$\lambda_i(k)$ 为相位 i 的绿信比。

由式(2-1)所示的相位到达流量、离开流量和绿信比之间的关系,可以建立流量-绿信比关系图,如图 2-2 所示。图 2-2 中,λ_1 为相位 1 的绿信比;N_1 为相位 1 的流量;N_2 为相位 2 的流量;为表达完整性,$\lambda_2 = \dfrac{C-L}{C} - \lambda_1$,为相位 2 的绿信比;$L$ 表示总的损失时间。

如图 2-2 所示,在 ΔOYW 中,边 OW 所在平面由 N_1 和 λ_1 组成,表示相位 1 流量 N_1 所对应的最小绿信比 λ_1 的集合。即,当相位 1 流量为 N_1 时,为保证相位 1 车辆能完全清空的最小绿信比为 λ_1。边 YW 在平面 N_1—N_2 上的投影为 YX。YX 表示相位 1 和相位 2 最大流量

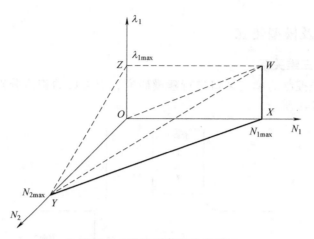

图 2-2 流量-绿信比关系图

的连线,即交叉口各相位所能获得流量的集合。因此,YW 由 N_1、N_2 和 λ_1 组成,表示各相位在临界流量上所获得绿信比集合。因此,$\triangle OYW$ 围成的区域表示相位 1 不同流量所获最小绿信比的集合。在 $\triangle YZW$ 中,边 YZ 所在平面由 N_2 和 λ_1 组成,表示相位 2 流量所对应的最小绿信比 λ_2,也代表了相位 1 所对应的最大绿信比 λ_1。因此,$\triangle YZW$ 围成的区域表示相位 1 不同流量所获最大绿信比的集合。则有,相位 1 的流量的变化,其绿信比取值范围为 $[\triangle OYW, \triangle YZW]$。

$\triangle OWX$ 为锥体 $OWXY$ 在 N_1—λ_1 平面上的投影。其表示,当相位 1 流量固定,随着绿信比 λ_1 增加,相位 1 的通行能力增加。边 OW 为对应流量随绿信比最小值所形成的边。那么,有

$$\lambda_1 = \frac{\lambda_{1\max}}{N_{1\max}} N_1 \tag{2-2}$$

$\triangle OYZ$ 为锥体 $OWYZ$ 在 N_2—λ_1 平面上的投影。当相位 2 流量固定,随着绿信比 λ_1 增加,相位 2 的通行能力减小。边 YZ 为对应流量随绿信比最小值所形成的边。那么,有

$$\lambda_1 = -\frac{\lambda_{1\max}}{N_{2\max}} N_2 + \lambda_{1\max} \tag{2-3}$$

$\triangle OYX$ 为锥体 $OWYZ$ 在 N_1—N_2 平面上的投影。其表示相位 1 和相位 2 之间在 $\lambda_1 + \lambda_2 = \frac{C-L}{C}$ 条件下的约束关系。那么,有

$$N_2 = -\frac{N_{2\max}}{N_{1\max}} N_1 + N_{2\max} \tag{2-4}$$

2. 两相位控制交叉口交通状态分析

采用三维关系图和排队时间图对交叉口欠饱和、临界饱和与过饱和三种状态进行详细分析。如图 2-3 所示,当交叉口流量点 $\{N_1, N_2, \lambda_1\}$ 处于锥体 $OYXW$ 在 N_1N_2 平面的投影内部时,即点 A 位置,随着相位 1 的流量 N_1 减小,其获得的绿信比 λ_1 也在减小;相位 2 所容纳的流量也会增加,其获得的绿信比 $1-\lambda_1$ 也会增大,并且在相位绿灯时间内周期积累的车辆能完全消散。同理,可以点 B 为例对临界饱和状态进行说明,以点 C 为例对过饱和状态进行说明。

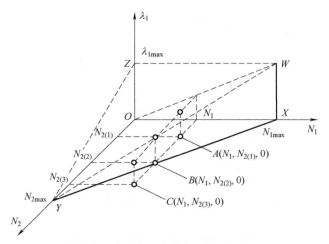

图 2-3 固定相位 1 的三维关系图

如图 2-3 所示，固定相位 1 的流量为 N_1，改变相位 2 的流量为 $N_{2(1)}$、$N_{2(2)}$ 和 $N_{2(3)}$，分别得到坐标点 $A\{N_1,N_{2(1)},0\}$、$B\{N_1,N_{2(2)},0\}$ 和 $C\{N_1,N_{2(3)},0\}$。

（1）对点 A 的分析

如图 2-4 所示，当相位 1 和相位 2 的流量为 $\{N_1,N_{2(1)}\}$ 时，相位 1 存在绿信比 $\lambda_1 \in [\lambda_{1min(1)},\lambda_{1max(1)}]$ 使得各相位所有到达车辆均能在相位绿灯时间内通过交叉口。

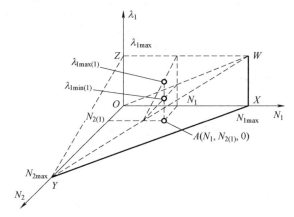

图 2-4 欠饱和三维关系图

图 2-5 所示的排队-时间图为相位 1 的欠饱和排队-时间图。可以看出，若交叉口无初始排队，当相位 1 和相位 2 的流量为 $\{N_1,N_{2(1)}\}$ 时，在各自的绿灯时间能完全清空到达的车辆，并且相位 1 的绿灯时间值为 $g_1=[g_{1min(1)},g_{1max(1)}]$。

（2）对点 B 的分析

如图 2-6 所示，当相位 1 和相位 2 的流量为 $\{N_1,N_{2(2)}\}$ 时，相位 1 存在绿信比 $\lambda_1 = \lambda_{1min(2)} = \lambda_{1max(2)}$ 使得各相位所有到达车辆均能在相位绿灯时间内通过交叉口。

如图 2-7 所示，若交叉口无初始排队，当相位 1 和相位 2 的流量为 $\{N_1,N_{2(2)}\}$ 时，在各自的绿灯时间刚好完全清空到达的车辆，并且相位 1 的绿灯时间值为 $g_1=g_{1min(2)}=g_{1max(2)}$。

（3）对点 C 的分析

如图 2-8 所示，当相位 1 和相位 2 的流量为 $\{N_1,N_{2(3)}\}$ 时，相位 1 不存在绿信比 $\lambda_1 \geqslant$

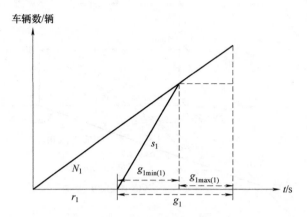

图 2-5 相位 1 的欠饱和排队-时间图

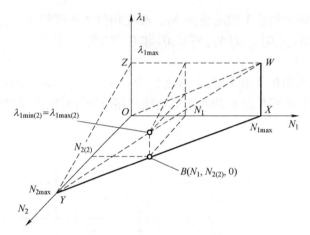

图 2-6 临界饱和三维关系图

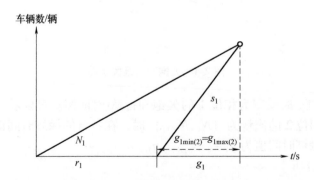

图 2-7 临界饱和排队-时间图

$\lambda_{1\min(3)}$ 使得各相位所有到达车辆均能在相位绿灯时间内通过交叉口。

如图 2-9 所示，若交叉口无初始排队，当相位 1 和相位 2 的流量为 $\{N_1, N_{2(3)}\}$ 时，相位 1 在绿灯时间为 $g_1 = g_{1\min(3)} = g_{1\max(3)}$ 可以完全清空到达的车辆，但相位 2 在绿灯时间为 $g_2 = [0, C-L-g_1]$ 的范围内取任何值均不能清空到达的车辆。

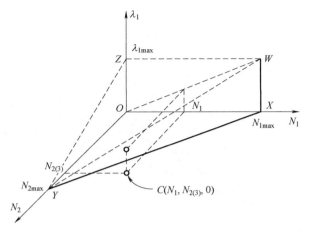

图 2-8　过饱和三维关系图

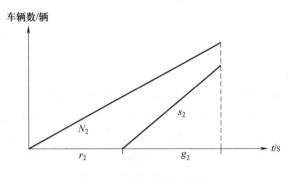

图 2-9　过饱和排队-时间图

同理，固定相位 2 可得到类似结论，此处不予重复。

2.2.2　基于综合投影的交叉口交通状态辨识方法

1. 多相位控制交叉口维度确定

由 2.2.1 节可知，将相位流量 N_1、N_2 和相位 1 的绿信比 λ_1 组成为一个具有三维关系的流量-绿信比图，如图 2-10 所示。

令 $N_1=x$、$N_2=y$、$\lambda_1=z$，将"流量-绿信比三维关系图"等同于三维空间坐标图。对于一个三维空间坐标点 $\{x,y,z\}$ 必在该坐标图内，可知三维关系坐标点 $\{N_1,N_2,\lambda_1\}$ 也必在流量-绿信比三维关系图内。因此，可以进行以下描述：一个典型的 2 相位控制交叉口可用"流量-绿信比三维关系图"进行分析，内部点坐标为 $\{N_1,N_2,\lambda_1\}$。

对于一个 3 相位控制交叉口，其相位流量为 N_1、N_2、N_3，相位绿信比为 λ_1、λ_2、λ_3。令 $\lambda_3=\dfrac{C-L}{C}-\lambda_1-\lambda_2$，则 3 相位控制交叉口构成的"流量-绿信比关系图"应该由 N_1、N_2、N_3、λ_1 和 λ_2 组成，则应是一个五维关系图，其内部坐标点为 $\{N_1,N_2,N_3,\lambda_1,\lambda_2\}$。同理，对于一个 4 相位控制交叉口的"流量-绿信比关系图"应该由 N_1、N_2、N_3、N_4、λ_1、λ_2 和 λ_3 组成，是一个七维关系图，内部坐标点为 $\{N_1,N_2,N_3,N_4,\lambda_1,\lambda_2,\lambda_3\}$。由此可以知道，交

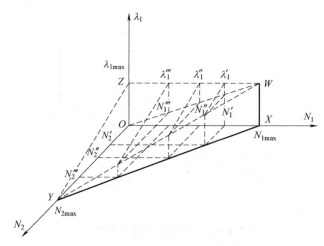

图 2-10 流量-绿信比三维关系全景图

叉口相位数量与维度的关系由 $\{N_i, \lambda_{i-1}\}$ 决定,因此 n 相位控制交叉口"流量-绿信比关系图"为一个 $2n-1$ 维关系图。

2. 多维关系分解及投影

详细分析了典型两相位交叉口下相位和绿信比之间的关系,就可得出不同流量下相位绿信比的设置范围,如图 2-10 所示,并基于此对交叉口交通状态进行重新界定。

然而,对于超过三维关系的多相位控制交叉口,无法采用 2.2.2 节的方法对交叉口进行分析。但通过研究发现,多维关系可以被适当分解为若干个三维关系,并表示为"三维关系集合"。将所得的三维关系集合在一个标准三维关系坐标内进行投影,投影所得的多面体的面便是交叉口饱和度的临界面。

3. 多维关系分解

多维关系分解是分析多相位交叉口交通状态的关键,利用相位之间的排列组合,可形成多种三维关系。

假设交叉口相位顺序一定,周期循环从相位 1 到相位 1。对于 2 相位交叉口,其流量和绿信比组成为 $\{N_1, N_2, \lambda_1\}$,则可以形成一个三维关系空间,所以可分解的三维关系空间数为 1;对于 3 相位控制交叉口,其流量和绿信比组成为 $\{N_1, N_2, N_3, \lambda_1, \lambda_2\}$,则可以形成一个五维关系空间,所以可分解的三维关系空间数为 3,分别为 $\{N_1, N_2, \lambda_1\}$、$\{N_1, N_3, \lambda_1\}$、$\{N_2, N_3, \lambda_2\}$;对于 4 相位控制交叉口,其流量和绿信比组成为 $\{N_1, N_2, N_3, N_4, \lambda_1, \lambda_2, \lambda_3\}$,则可以形成一个七维关系空间,所以可分解的三维关系空间数为 4,分别为 $\{N_1, N_2, \lambda_1\}$、$\{N_2, N_3, \lambda_2\}$、$\{N_3, N_4, \lambda_3\}$、$\{N_4, N_1, \lambda_1\}$,由此可知一个 4 相位七维关系空间能分解的三维关系空间的个数等于其相位的个数。因此,可得到 n 相位形成的 $2n-1$ 维关系空间能分解成三维关系空间的个数为 n。

4. 分解后投影及反投影

多维关系空间分解原则:分解出来的每个三维关系空间称为一个子交叉口;被分解的交叉口称为父交叉口;对每个子交叉口进行分析,则假设不包含的相位为空相位。

如图 2-11 所示,以三相位五维关系空间为例。子交叉口为①、②、③,即分解出来的 3

个三维关系空间。图中，子交叉口①描述的是相位 1 流量 N_1、相位 2 流量 N_2 和相位 1 绿信比 λ_1 之间的关系。假设该交叉口是典型的 2 相位交叉口，即相位 3 为空相位，有 $\lambda_1+\lambda_2=\dfrac{C-L}{C}$。同理，子交叉口②中，相位 1 为空相位，有 $\lambda_2+\lambda_3=\dfrac{C-L}{C}$；子交叉口③中，相位 2 为空相位，有 $\lambda_3+\lambda_1=\dfrac{C-L}{C}$。这样可避免统一分析三者之间的关系带来的复杂性。

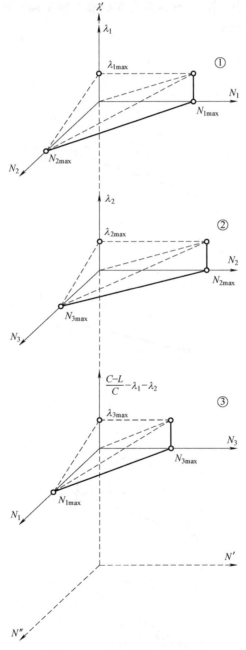

图 2-11　三相五维关系空间图

（1）分解后投影

将多相位交叉口分解所得到的三维关系空间按照 $N_i=N'$、$N_j=N''$、$\lambda_n=\lambda'$ 对应投影到一个标准三维坐标空间内，可以形成一个投影空间的集合，该集合便是多相位交叉口欠饱和交通状态的集合。两相位控制交叉口所能分解的三维关系空间只有一个，就是其所形成的流量-绿信比三维关系图，因此无须投影。下面以三相五维关系空间为例进行详细描述。

如图 2-12 所示，通过上述分析三相五维关系空间可以分解为 3 个三维关系空间，得到三维关系空间集合 {①，②，③}，将该集合在标准三维坐标空间上进行投影，可得到用于分析交叉口饱和状态的多面体。

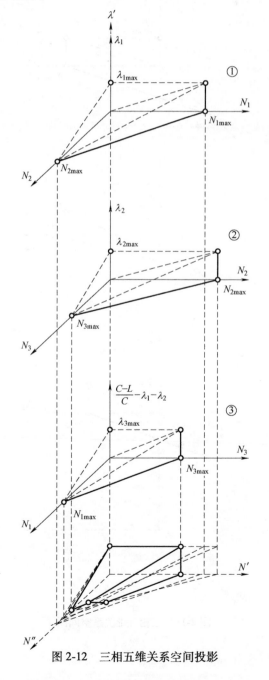

图 2-12 三相五维关系空间投影

将图 2-12 所示的投影多面体 *ABFEOCD* 进行局部放大，如图 2-13 所示。

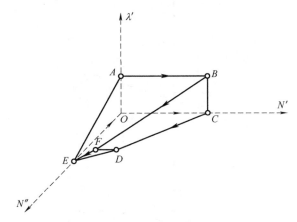

图 2-13 投影局部放大

（2）反投影

如图 2-14 所示，在投影形成的多面体内部 *ABFEDCO* 取一个点的集合 $\{N',N'',\lambda'\}$，反投影到三维关系空间集合体 $\{①，②，③\}$ 中，如图 2-15 所示。

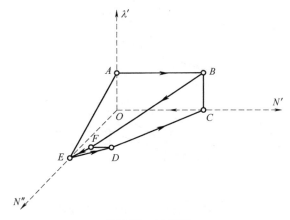

图 2-14 反投影

通过反投影，在每个三维关系空间内部都能得到一个投影点，进而能得到每个点的三维关系坐标 $a:\{N_1,N_2,\lambda_1\}$、$b:\{N_2,N_3,\lambda_2\}$、$c:\{N_3,N_1,\lambda_1\}$，从而便得到了五维关系空间内的点的坐标 $\{N_1,N_2,N_3,\lambda_1,\lambda_2\}$。

在进行饱和状态判断时，要将交叉口流量 $\{N_1,N_2,N_3,\lambda_1,\lambda_2\}$，分成三维关系坐标点 $\{N_1,N_2,\lambda_1\}$、$\{N_2,N_3,\lambda_2\}$、$\{N_3,N_1,\lambda_1\}$，组成坐标点集合 $\{\{N_1,N_2,\lambda_1\}，\{N_2,N_3,\lambda_2\}，\{N_3,N_1,\lambda_1\}\}$ 进行判断，才能得出交叉口的饱和状态。其中每个坐标点首先必须满足 2 相位的三维关系空间的要求。

5. 多相位控制交叉口交通状态判别

综合上述分析，给出如下多相位控制交叉口的交通状态判别方法：

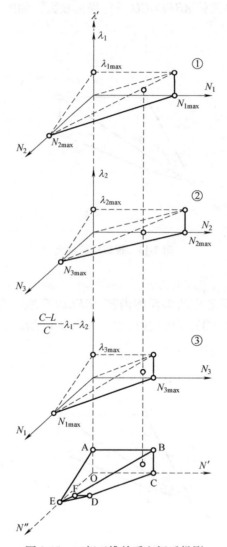

图 2-15 三相五维关系空间反投影

1) 如果存在一组绿信比区间使得各相位在周期内积累的车辆能完全消散，这种情况称为欠饱和状态，且该状态下可计算得到该组绿信比区间。

2) 如果存在唯一的一组绿信比使得各相位在周期内积累的车辆恰好完全消散，这种情况称为临界饱和状态，且该状态下可计算得到该组的绿信比。

3) 如果不存在任何一个绿信比使得各相位在周期内积累的车辆能完全消散，这种情况称为过饱和状态，且该状态下不可计算得到任何组的绿信比。

2.2.3 仿真验证

为了验证本节所提出的交叉口交通状态判别方法的准确性，选取北京市学院南路和交大东路交叉口东西和南北两相位的交通数据进行仿真验证。该交叉口两个方向 5:00~21:00 的交通流数据如图 2-16 所示［（每 15min 采集一次，折合成标准车当量数（pcu）］。

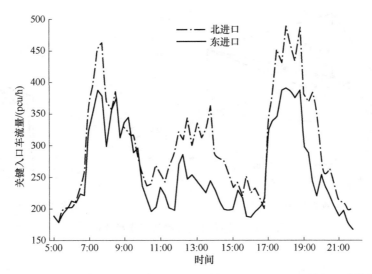

图 2-16　学院南路和交大东路交叉口两个方向 5:00~21:00 的交通流数据

利用所提方法对学院南路和交大东路交叉口的交通状态进行界定，其中该交叉口周期 $C=70$，南北方向的绿信比 $\lambda_1=0.44$，饱和流量 $N_1=1025\text{pcu/h}$，东西方向的饱和流量 $N_2=712\text{pcu/h}$，如图 2-17 所示。图中，黑色点位表示交叉口处于欠饱和状态下的北进口和东进口流量，其余部分为交叉口处于过饱和状态。

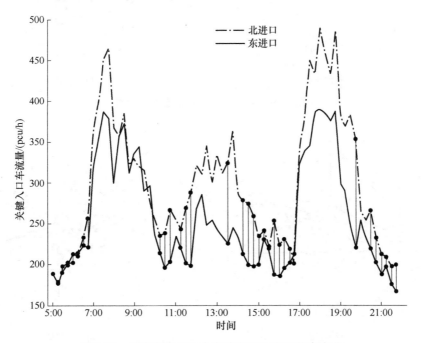

图 2-17　学院南路和交大东路交叉口交通状态变化

利用所提方法对学院南路和交大东路交叉口的交通状态进行界定，同时不限定各关键方向的绿信比，可得图 2-18~图 2-20 所示的流量分布。

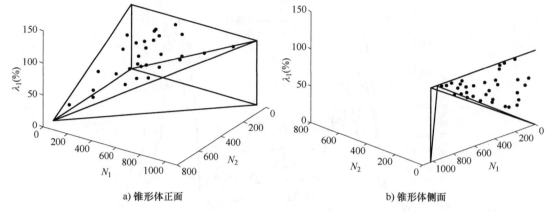

a) 锥形体正面　　　　　　　　　　b) 锥形体侧面

图 2-18　交叉口欠饱和状态流量分布

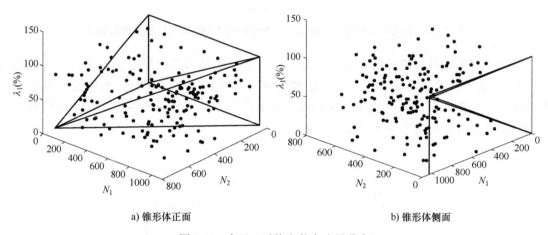

a) 锥形体正面　　　　　　　　　　b) 锥形体侧面

图 2-19　交叉口过饱和状态流量分布

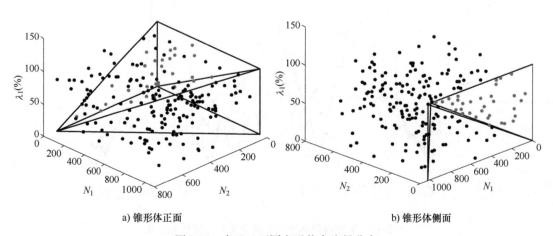

a) 锥形体正面　　　　　　　　　　b) 锥形体侧面

图 2-20　交叉口不同交通状态流量分布

如图 2-18 所示，处于锥形体内部的点表示，在 5:00~21:00 获得流量中使交叉口处于欠饱和状态的流量-绿信比点位。如图 2-19 所示，在锥形体外部的点表示，在 5:00~21:00

获得流量中使交叉口处于过饱和状态的流量-绿信比点位。如图 2-20 所示，学院南路和交大东路交叉口 5:00~21:00 所有交通流量下呈现的不同交通状态。采用本节所提出的方法可以快速确定交叉口交通状态，同时又能确定交叉口各相位的绿信比变化范围，可为不同交通状态下的交叉口信号控制提供依据。

本节，从交叉口各相位流量和绿信比之间的关系入手，建立了交叉口排队模型，重点对两相位控制交叉口的交通状态进行了详细分析；然后，采用综合投影的方法，给出了多相位控制交叉口交通状态界定方法。以两相位控制的交叉口为例对本节所提出的方法进行了验证，结果显示该方法具有可行性。

2.3 基于精细化理念的交叉口交通状态辨识

交叉口交通状态判别方法主要包括三类：一是基于交通流理论定性分析；二是利用固定检测器数据进行分析；三是通过融合技术，利用不同检测数据进行分析。这些方法在一定程度上都能有效进行交通状态的判别，但对于交叉口存在溢流、车辆慢行等行为却不能很好地判别。原因在于现有方法多是将交叉口看作整体，利用饱和度、排队长度等进行状态判别，然而由于交叉口内部冲突区域的存在，车辆在通过交叉口时存在时空变化的特性，因此在进行交通状态判别时应考虑交叉口各物理空间组成部分的综合情况。基于此，本节提出了交叉口交通状态综合判别方法。首先，将交叉口分解为内部和外部并分别建立状态判别模型；其次，利用综合状态判别模型对交叉口交通状态进行精细化判别，从而为信号控制策略的选择和实施提供依据。

2.3.1 问题描述与模型建立

城市道路交叉口是由各方向路段和内部冲突区域组成的整体，交叉口的交通状态也应由这两类物理空间相连的部分共同体现。通过综合分析各方向路段和内部冲突区域的状态，可实现对交叉口交通状态的综合判别。由于交叉口各方向路段与内部冲突区域不但存在空间连接特性，同时也存在时间连续特性，因此在进行综合交通状态分析时，应重点考虑以下几点特性：

1) 对各方向路段交通状态的判定，要结合关键相位的选取，因为非关键相位对于交叉口交通状态的影响不大。

2) 对于内部冲突区域交通状态的判定，要结合间隔转换时间的选取，因为间隔时间的长短决定了区域内储存运行车辆的数量。

本节以交叉口交通状态判别为核心，将交叉口物理空间组成部分进行分解，在对各方向路段和内部冲突区域进行状态判别的基础上，实现了对交叉口交通状态的综合判别。

单交叉口模型

选取典型四相位控制的单交叉口进行建模研究，交叉口的相位分别为"东西直行""东西左转""南北直行"和"南北左转"，如图 2-21 所示。

其中，相位定义如下：

相位 1　北直行和南直行的流量分别为 $q_{1,5}(k)$ 和 $q_{5,1}(k)$。

相位 2　北左转和南左转的流量分别为 $q_{2,6}(k)$ 和 $q_{6,2}(k)$。

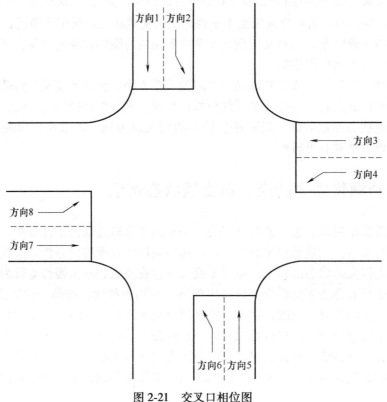

图 2-21 交叉口相位图

相位 3 东直行和西直行的流量分别为 $q_{3,7}(k)$ 和 $q_{7,3}(k)$。

相位 4 东左转和西左转的流量分别为 $q_{4,8}(k)$ 和 $q_{8,4}(k)$。

为了便于参数分析，选择相向而行的两个行驶方向中流量较大者作为相位的关键流量 $q_i(k)$，同时令存在关键流量的相位为关键相位，具体定义为

$$q_i(k) = \max\{q_{i,i+4}(k), q_{i+4,i}(k)\} \quad i = 1,2,3,4 \tag{2-5}$$

注意，在实际交通流变化中，为了避免相位关键流量 $q_i(k)$ 在 $q_{i,i+4}(k)$ 和 $q_{i+4,i}(k)$ 之间频繁切换，引入滞回系数 h，该值可通过上游交叉口车辆放行情况确定。例如，当连续多个信号周期 $q_{i,i+4}(k) + h < q_{i+4,i}(k)$ 时，可将 $q_{i+4,i}(k)$ 作为当前相位的流量。

2.3.2 交叉口交通状态综合辨识方法

交叉口交通状态综合判别的研究，是将交叉口的物理空间组成进行有效分解，分解部分包括两部分：一是以停车线为分界的交叉口外部各方向路段，即相位所在路段；二是以停车线为分界的交叉口内部车辆分隔区域，如图 2-22 所示。本节，分别对交叉口外部路段和内部区域的交通状态判别：外部路段，利用计算饱和度的方法，根据车辆的供给需求，来进行交通状态判别；内部区域，利用绿灯结束时刻末尾车辆通过冲突点的时间与间隔时间之比，来进行交通状态判别。

1. 基于双检测器的检测布局设计

对于上述交叉口交通状态综合判别方法，传统的检测器布设位置和数量无法满足检测要

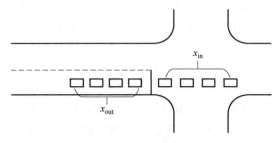

图 2-22 双检测器布设

求。因此,在布设检测器时,采用双检测器布设,同时考虑各相位在交叉口内部的冲突情况,检测器布设位置,如图 2-23 所示的检测器 1~检测器 4。然而,由于线圈检测器铺设易造成路面破损,因此实际应用中可利用各方向卡口视频检测等方式实现。

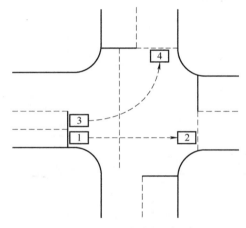

图 2-23 交叉口综合判别示意图

在设置检测区域时,对于检测器 1,既要保证检测器能够检测到进入交叉口的车辆通过情况,又要避免红灯期间车辆排队对检测数据造成影响。因此,检测器 1 布设位置为停车线前,紧邻停车线,以检测流量和记录车辆经过时间的数据。对于检测器 2,既要保证能够检测到驶离交叉口的车辆,又要避免其他相位的车辆对检测数。

2. 交叉口外部交通状态模型

下面,利用计算饱和度的方法对交叉口外部路段的交通状态进行判别,有

$$x_{\text{out}} = \max\left\{ x_{\text{out}(i)} = \frac{q_i(k)C(k)}{S_i g_i(k)} \mid i=1,2,\cdots,n \right\} \tag{2-6}$$

式中,x_{out} 为交叉口外部路段饱和度,如果 $x_{\text{out}} \geq 1$ 则状态为过饱和,如果 $x_{\text{out}} < 1$ 则状态为欠饱和;$q_i(k)$ 为式(2-5)定义的相位 i 第 k 周期的流量;$C(k)$ 为交叉口第 k 周期的周期时间;$g_i(k)$ 为相位 i 第 k 周期的绿灯时间;S_i 为相位 i 的饱和流量。

3. 交叉口内部交通状态模型

城市道路交叉口是城市路网的重要组成部分,通过其信号配时来实现车辆转运和行车安全。因此,信号配时设置中包括了相位转换的间隔时间。当相位绿灯结束时,末尾车辆刚进入交叉口内部区域,间隔时间对车辆的安全通过尤为重要。因此,绿灯结束时末尾车辆通过

冲突点的时间与间隔时间的关系，决定了下个相位的车辆能否正常通行。基于上述考虑，本节利用末尾车辆通过交叉口的时间与间隔时间之比，实现对交叉口内部区域的交通状态判别，有

$$x_{\text{in}(i)} = \frac{|t_{i[2]} - t_{i[1]} - t'_i|}{G_i} \tag{2-7}$$

式中，$x_{\text{in}(i)}$为交叉口内部区域饱和度，如果$x_{\text{in}(i)} \geqslant 1$则状态为过饱和，如果$x_{\text{in}(i)} < 1$则状态为欠饱和；$t_{i[1]}$为相位$i$的绿灯结束时末尾车辆经过检测器1的时间；$t_{i[2]}$为相位$i$的绿灯结束时末尾车辆经过检测器2的时间；$G_i$为相位间隔时间；$t'_i = \dfrac{l_i}{\bar{v}}$，$l_i$为出口检测器距离冲突点的距离，$\bar{v}$为车辆从停车线到通过交叉口的平均行驶速度。

交叉口的检测器的流量检测可表示为$D = \{d_i = (q_{i[1]}, q_{i[2]}) \mid i = 1, 2, \cdots, n\}$。交叉口内部车流冲突示意图，如图2-24所示。

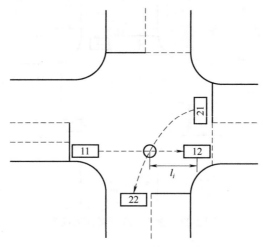

图2-24 交叉口内部车流冲突示意图

4. 综合交通状态判别模型

前面分别给出了利用计算饱和度的方法和绿灯结束时末尾车辆通过冲突点的时间与间隔时间之比对交叉口外部路段和内部区域的交通状态判别方法。下面，通过权重系数将交叉口各部分的交通状态进行结合，实现交叉口交通状态的综合判别。建立下式：

$$x = \alpha x_{\text{out}(i)} + \beta x_{\text{in}(i)} \tag{2-8}$$

将式（2-6）和式（2-7）带入式（2-8）得

$$x = \alpha \max \left\{ \frac{q_i(k) C(k)}{S_i g_i(k)} \right\} + \beta \frac{|t_{i[2]} - t_{i[1]} - t'_i|}{G} \tag{2-9}$$

式中，α和β为权重系数，通过下式获取：

$$\begin{cases} \alpha = \dfrac{g_i(k)(q_{i[1]}(k) - q_{i[2]}(k))}{q_{i[1]}(k) g_i(k)} \\ \beta = 1 - \alpha \end{cases} \tag{2-10}$$

式中，$q_{i[1]}(k)$为绿灯结束时刻流过检测器1的车流量；$q_{i[2]}(k)$为绿灯结束时刻流过检测

器 2 的车流量；$q_{i[1]}(k)-q_{i[2]}(k)$ 为绿灯结束时刻交叉口内部剩余车辆数。权重系数的获取，描述的是相位时间内车辆对通行时间的需求，而不是车辆通过数量的需求。

并且，有如下约束：

$$\begin{cases} 如 & x_{\text{in}(i)} \geq 1 & 则 \quad x>1 \\ 如 & x_{\text{in}(i)} < 1 & 则 \quad x = \alpha x_{\text{out}(i)} + \beta x_{\text{in}(i)} \end{cases}$$

即，当交叉口内部区域存在车辆行驶延缓或驻留，则认为交叉口整体为过饱和。

2.3.3 仿真验证

1. 仿真环境

受研究条件所限，无法按本节要求在实际交叉口布设检测器，因此本研究利用实际交通数据，在 VISSIM 软件中对所建立的交叉口交通状态精细化判别方法进行仿真验证。本节选择对公交车辆较多和左转车辆较多的实际场景进行模拟，主要原因如下：

1) 公交车速度相对较慢，通过交叉口所需时间较长，更易影响交叉口车辆通行。
2) 左转车辆与直行车辆的冲突点距离更近，对末尾车辆的通过时间要求更短。

仿真测试环境，针对公交车较多情况采用正交十字交叉口，针对左转车辆较多采用正交丁字交叉口。其中，正交十字交叉口采用四相位信号控制，正交丁字交叉口采用三相位信号控制。图 2-5 所示的交叉口仿真示意图给出了路网结构及交叉口渠化信息。

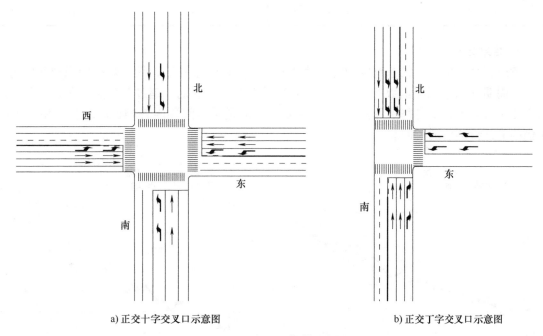

a) 正交十字交叉口示意图　　　　　　　b) 正交丁字交叉口示意图

图 2-25　交叉口仿真示意图

在仿真过程中，采用设定车型比例来体现公交车辆的多少，采用设定路径流量分配比例体现左转车辆的多少，采用逐步增加交叉口流量体现交通状态的不同，并以此判断交叉口的交通状态。通过多次仿真测试，确定仿真共分为 10 个时段，每个时段 3600s，各时段流量输入为上一时段流量基础上增加 20%。交叉口初始流量及车型比例见表 2-1 和表 2-2。

表 2-1 正交十字交叉口初始流量及车型比例

方　　向	东西直行	东西左转	南北直行	南北左转
流量/(辆/h)	345	280	293	242
绿灯时间/s	30	24	28	22
间隔时间/s	6	6	6	6
普通车辆比例	0.8	0.8	0.8	0.8
公交车辆比例	0.2	0.2	0.2	0.2
普通车辆车速/(km/h)	35~50	35~50	35~50	35~50
公交车辆车速/(km/h)	25~35	25~35	25~35	25~35

表 2-2 正交丁字交叉口初始流量及车型比例

方　　向	南北直行	东向南左转	北向东左转
流量/(辆/h)	251	328	338
绿灯时间/s	20	30	32
间隔时间/s	6	6	6
普通车辆比例	0.95	0.95	0.95
公交车辆比例	0.05	0.05	0.05
普通车辆车速/(km/h)	35~50	35~50	35~50
公交车辆车速/(km/h)	25~35	25~35	25~35

2. 结果分析

考虑到交叉口交通状态判别的时效性和两类交叉口的差异性，设置数据的采样间隔为 5 个信号周期（由于回滞函数的存在，所以选取了 5 个信号周期，超过 5 个信号周期，交通流的变化相对较大，不易判断关键方向），主要获取的是采样间隔内各相位的流量、相位末尾车辆的通过检测器的时间。

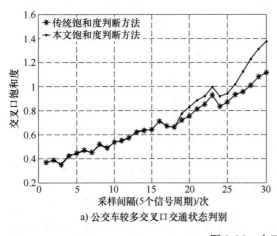
a) 公交车较多交叉口交通状态判别

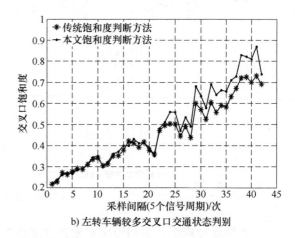
b) 左转车辆较多交叉口交通状态判别

图 2-26 交叉口交通状态判别

通过对图 2-26 所示的交叉口交通状态判别进行分析，可以发现如下两点：
- 在交通流量较低的情况下，采用本节所提出的方法与传统交通状态判别方法的判别结果具有一致性。其原因在于，当流量较少时，由于车辆通过交叉口的时间较充足，交叉口饱和度较低，因此交叉口整体处于欠饱和状态；随交通流量的增加，各相位车辆通过交叉口所需的时间逐渐增加，剩余时间所占比例逐渐减小，相位饱和度增大，因此交叉口整体饱和度逐渐增加。

- 随交通流量的增加，公交车数量也增加（比例不变，整体车辆数量增加），由于公交车辆行驶速度较低，因此车辆通过交叉口所需的时间增加；左转车辆数量增加（比例不变，整体车辆数量增加），由于左转车辆行驶速度较低和行驶距离较长，因此车辆通过交叉口所需时间增加。在这两种情况下，本节所提方法与传统交叉口交通状态判别方法的判别结果具有一定的差异，表明了本节所提出的方法对仿真所述现象的敏感性。

本节，将交叉口的物理空间，分解为各方向路段和内部冲突区域两部分，分别利用计算饱和度方法对各方向路段的交通状态进行判别，利用绿灯结束时末尾车辆通过冲突点的时间与间隔时间之比对内部冲突区域的交通状态进行判别；采用权重系数将两者结合形成交通综合交通状态判别方法，实现对交叉口交通状态的精细化判别；利用实际检测数据对所提方法进行了仿真验证。结果显示，本节所提出的方法可以更精细地对交叉口交通状态进行判别。

2.4 基于半监督哈希算法的交叉口交通状态辨识

由于交叉口的交通状态具有多维度、复杂性和时变性等特点，因此准确辨识交通状态是实施有效交通控制策略的前提。本节从先进检测手段的原始数据的丰富特征入手，构建交叉口有效检测区域的图像化模型，利用半监督哈希算法实现图像搜索，进而得到交叉口的精细化交通状态。

2.4.1 问题描述与模型建立

1. 交通场景定义

对城市交叉口交通控制而言，为了提高交通控制的安全性和通行效率，必须同时考虑控制执行的时机和方式，忽略其中的任何一部分，都将影响交通控制的本质目的。场景（Scene）的概念在早期的一些普适计算研究中已有所提及，但并未引起足够重视。在这些研究中，场景可以视为一类高级情境（高级情境是指不能由感知设备直接获取，而由基本情境通过情境融合得到的情境数据）。同时，场景又体现出以需求为中心，而更能体现真实情态的特点。为此，立足交通状态精细化分与辨识的要求，借鉴场景的概念，提出交通场景并描述为，从原始数据出发，某采样时段内所包含的全部交通流信息及所应执动作的集合。其是对现有交通状态辨识方法的扩展。用形式化的方式描述为 $\{O,D,S,A,F\}$，交通场景的数学模型可以表述为 $O \xrightarrow{f_1} D \xrightarrow{f_2} S \xrightarrow{f_3} A$。其中，$O=\{o_1,o_2,\cdots,o_x\}$，为检测器的原始数据；$D(t)=\{d_1(t),d_2(t),d_3(t),d_4(t),d_5(t)\}$，为原始数据经过离散状态编码的交通数据，离散状态编码为五元组形式；$S(t)=\{s_1,s_2,\cdots,s_n\}$，为交通场景集合；$A(t)=\{a_1,a_2,\cdots,a_n\}$，为交通场景对应的动作集合，也称为与之相匹配的控制参数集合；$F=\{f_1,f_2,f_3\}$，为 O、D 和 A 集合之间的映射关系集合。如图 2-27 所示，现有交通状态辨识和交通场景的区别，在于更加精细的划分，是对应的更精准的控制参数驱动控制链的形成（见本书第 3 章）。这需要更丰富的控制变量和更先进执行方式。鉴于传统交通控制理论无法满足，本书第3、4章将研究与控制相关的问题。

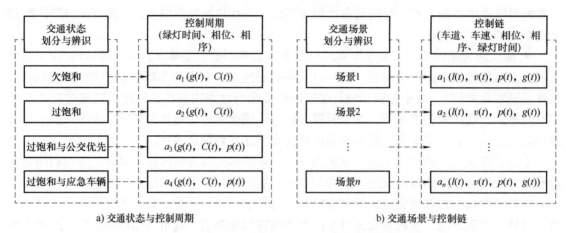

图 2-27 现有交通状态辨识与交通场景辨识的区别

2. 交通场景建模

（1）交叉口图像化模型构建

1）检测数据。

传统用于交通控制的数据类型包括流量、占有率、密度、排队长度等，这些类型的检测数据具有检测粒度粗、统计特性强的特征，只能在单一方面刻画交叉口的交通流，难以有效描述实时动态交通流变化的细节。即，它们无法从交通控制要求出发，全面表征交叉口作为城市道路交通关键节点时具有的多车种混合交通流的特点（社会车辆、公共交通、应急车辆等）。究其原因是受到传统交通控制理论和检测技术发展的制约。

近年来，随着雷达检测技术和车路协同技术的发展，实时的高精度轨迹跟踪式检测已成为可能，并逐渐应用到城市道路交通控制中，如图2-28所示。该类检测手段至少可提供包括瞬时车速（X_{Speed}, Y_{Speed}）、车辆位置（X_{Pos}, Y_{Pos}）、车辆身份、车辆长度和时间戳在内的五类实时数据（毫秒量级）。基于这些类型数据的全样本实时高精度轨迹跟踪式检测数据，能够充分反映检测区域内交通流的形态。

本章将采用上述检测方式得到的数据作为原始数据，见表2-3。

表 2-3 检测器原始数据

编号	类型				
	瞬时车速 (X_{Speed}, Y_{Speed})	车辆位置 (X_{Pos}, Y_{Pos})	车辆身份（编号）	车辆长度/m	时间戳
1	(-14.750000, -0.250000)	(20.000011, 3.700004)	1	4.800000	2018-11-17 13:57:20.265
2	(-8.500000, 0.250000)	(-5.200001, 15.299994)	2	4.800000	2018-11-17 13:57:20.265

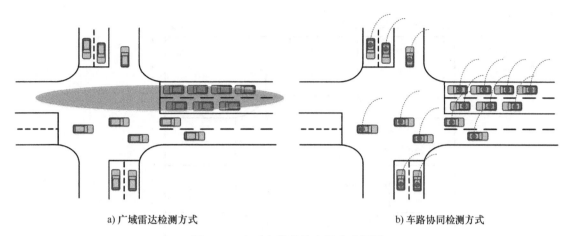

a) 广域雷达检测方式　　　　　　　　　b) 车路协同检测方式

图 2-28　实时高精度轨迹跟踪式检测

2) 交叉口有效检测区域描述。

虽然上述先进的检测手段能够获得实时高精度数据，但也依然受到检测范围和数据采集频度的约束。具体来说，检测精度在一定情况下受到检测范围影响，数据采集频度受到检测器计算能力和网络传输能力影响。为此，需要给定有效检测区域和合理的数据采集频度。

为了使得检测数据能够尽可能多地包含交通需求特性，在确定交叉口有效检测区域的范围时，需要考虑路段当量排队长度的约束和检测器最大检测范围的约束。其中，路段当量排队长度的约束可由二流理论得到，检测器的最大检测范围由实际检测方式决定。建立下式：

$$L_D < L_P < L_M \tag{2-11}$$

如图 2-29 所示，以标准正交十字交叉口为例，有 $L_P = L_D(t) + L_C$，$L_M = \overline{L_M} + L_C$，$L_D = L_{D,\min} + L_C$。其中，$L_P = [l_{P\text{-length}}, l_{P\text{-width}}]$，表示有效检测区域的东西距离和南北距离；$L_C = [L_{C\text{-length}}, L_{C\text{-width}}]$，表示交叉口东西停车线和南北停车线的水平距离；$L_D(t) = [L_{D\text{-length}}(t), L_{D\text{-width}}(t)]$，表示交叉口东西拥堵流和南北拥堵流的实际长度；$L_D$ 表示最小检测区域；L_M 表示最大检测区域；L_C 表示交叉口内部冲突域的范围；$\overline{L_M}$ 表示检测器的边界约束。

3) 扩展离散状态编码。

来自道路的多种类型车辆聚集到交叉口会形成具有混合特性的交叉口交通流，具体表现为交叉口各方向的车道上的车辆属性和车辆运行状况。通过合理表示和描述车辆属性和状况，能够真实反映交叉口交通流，进而为实施有效的交通管控策略提供依据。考虑到传统检测数据的粒度粗和统计特性难以满足上述车辆属性和状况的描述，本节采用一种扩展离散交通状态编码方法予以表示[5]。

由式（2-11）可知，交叉口有效检测区域为 $L_P = [l_{P\text{-length}}, l_{P\text{-width}}]$，以当量小汽车长度 l 为标准则可将车道划分为 $\dfrac{L_P}{l}$ 个单元。离散化后得到交叉口有效检测区域内的车辆属性和状况的向量 M，表示为

$$M \in (C \times R \times Z \times Q \times N)^{\frac{L_P}{l}} \tag{2-12}$$

式中，向量 C 为车道单元是否有车辆存在的信息；向量 R 为车辆的速度信息；向量 Z 为车

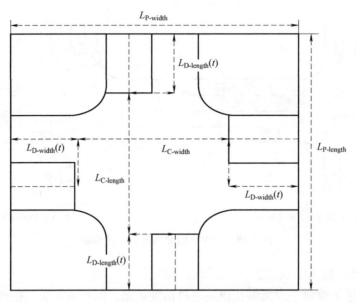

图 2-29 交叉口的有效检测区域

辆的加速度信息；向量 Q 为车辆的身份信息；向量 N 为车辆的换道信息；$l=\overline{l_v}+\overline{l_{gap}}$，为车辆占用道路的单位空间，由换算的标注小汽车长度与平均车辆间距共同构成。

其中有

$$C \leftarrow p(x_{pos}, y_{pos} \mid L_P) \begin{cases} p>0, C_{[i]}=1 \\ p=0, C_{[i]}=0 \end{cases} \quad (2-13)$$

由此，t 时刻某标准正交十字交叉口车辆属性和状况编码情况，如图 2-30 所示。

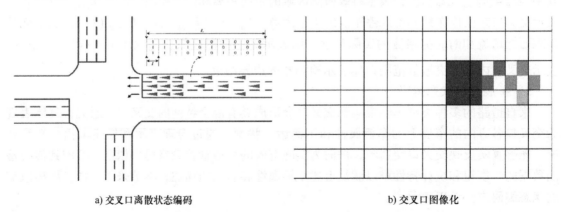

a) 交叉口离散状态编码　　　　　　　b) 交叉口图像化

图 2-30 扩展离散状态编码到图像化的映射

如式（2-12）和图 2-30 所示，有以下数据形式。向量 C 存储车道单元是否有车辆存在的信息，如图 2-31a 所示。其中，1 表示车辆存在，0 表示没有车辆，这里描述的是真实的坐标数据映射至路段上的结果。向量 R 存储车辆的速度信息，如图 2-31b 所示。其中，1 表示车速为自由流车速，0 表示没有车或车辆停止，其余取值由 Sigmoid 函数映射得到（保留小数点后一位)。向量 **Z** 存储车辆的加速度信息,如图 2-31c 所示。其中,数值为负数表示车辆的减速运动,数值 0 表示车辆的匀速运动,数值为正数表示车辆的加速运动。向量 **Q** 存储车辆的身份信息,如图 2-31d 所示。其中,车辆的身份信息从最内侧车道开始计数,依次编号。向量 **N** 表示存储车辆的换道信息,如图 2-31e 所示。其中,0 表示车辆未换道,1 表示车辆换道后的位置,0.5 表示车辆换道经过的位置。

C									
1	1	1	0	1	0	1	0	0	0
1	1	1	1	0	1	0	1	0	0
1	1	1	0	0	0	1	0	0	0

a) 车辆存储信息编码

R									
0	0	0	0	0.5	0	0.8	0	0	0
0	0	0	0.2	0	0.5	0	0.8	0	0
0	0	0	0	0	0	1	0	0	0

b) 存储车辆的速度信息

Z									
0	0	0	0	−0.5	0	−0.2	0	0	0
0	0	0	−0.8	0	−0.5	0	−0.2	0	0
0	0	0	0	0	0	0	0	0	0

c) 存储车辆的加速度信息

Q									
11	12	13	0	14	0	15	0	0	0
5	6	7	8	0	9	0	10	0	0
1	2	3	0	0	0	4	0	0	0

d) 存储车辆的身份信息

N									
0	0	0	0	0	0	0	0	0	0
0	0	0	0	0	0	0	0	0	0
0	0	0	0	0	0	0	0	0	0

e) 表示存储车辆的换道信息

图 2-31 扩展离散状态编码数据描述

(2) 交叉口交通场景图像特征提取

设交叉口有效检测区域是由关键部分组成的集合 $\varGamma$,即

$$\varGamma = \{X, Y, Z\} \tag{2-14}$$

式中,X 为交叉口入口车道组成的集合,$X = \{x_1, x_2, \cdots, x_m\}$;$Y$ 为交叉口出口车道组成的集合,$Y = \{y_1, y_2, \cdots, y_n\}$;$Z$ 为交叉口冲突区域组成的集合,$Z = \{z_1, z_2, \cdots, z_u\}$,其中的 u 为对冲突区域的分块,如图 2-32 所示。

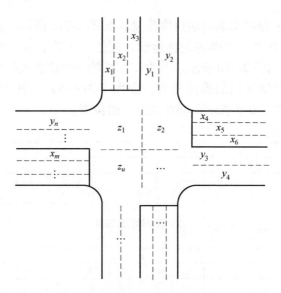

图 2-32 交叉口关键部位组合

集合 Γ 的变量状态值由五元组计算得到，即

$$e_{\eta \in \Gamma}(t) = \sum_{i=1,j=1}^{5} w_i M_j$$
$$= w_1 C(t) + w_2 R(t) + w_3 Z(t) + w_4 Q(t) + w_5 N(t) \tag{2-15}$$

约束条件 $M_j \in [(C(t), R(t), Z(t), Q(t), N(t))^{\frac{L_P}{l}} | j=1,2,\cdots,5]$

设计分项指标矩阵为

$$A = [\overline{M}_j(t) | \overline{M}_1(t) \in C(t), \overline{M}_2(t)$$
$$\in R(t), \overline{M}_3(t) \in Z(t), \overline{M}_4(t)$$
$$\in Q(t), \overline{M}_5(t) \in N(t), j=1,2,3,4,5$$

令 $\overline{M}_j = a_j$，则有信息决策矩阵 $A = [a_j]_5$，a_j 为第 j 个指标的观测值，$j=1$，2，…，5。其过程如下：

步骤 1 将 $A = [a_j]_5$ 进行归一化处理，得到标准信息矩阵 $R = [r_j]_5$，其中归一化的处理方法为

对于越大越优型分指标，有

$$r_j = \frac{a_j - \min(a_j)}{\max(a_j) - \min(a_j)}$$

对于越小越优型分指标，有

$$r_j = \frac{\max(a_j) - a_j}{\max(a_j) - \min(a_j)}$$

选择第 j 个指标所对应的最优单元值 r_j^*，$j=1$，2，…，5，选取规则为

$$r_j^* = \begin{cases} \max_{1 \le j \le 5}\{r_j\}, j \text{ 为收益属性} \\ \min_{1 \le j \le 5}\{r_j\}, j \text{ 为消耗属性} \end{cases}, \forall j \tag{2-16}$$

步骤2 计算各指标 r_j 对应的最优单元值 r_j^* 的距离，即

$$d_j = |r_j - r_j^*|, j = 1, 2, \cdots, 5 \tag{2-17}$$

步骤3 计算对应指标概率，即

$$\beta_j = \frac{(d_j + u_j)}{\sum_{j=1}^{5}(d_j + u_j)}, j = 1, 2, \cdots, 5 \tag{2-18}$$

当 $d_j > 0$ 时无须对 β_j 进行修正。此时 $u_j = 0$；当 $d_j = 0$ 时，该分指标对 $e_{\eta \in \Gamma}(t)$ 不起作用，为了保证所有指标数据的可用性，需人为对 β_j 进行平移修正，此时 u_j 为常数且 $u_j > 0$。

步骤4 计算指标的距离熵，即

$$e_j = -\frac{1}{\ln 5} \sum_{j=1}^{5} \beta_j \ln \beta_j, \forall j \tag{2-19}$$

步骤5 计算熵权，即

$$w_{i \propto j} = \frac{1 - e_j}{5 - \sum_{j=1}^{5} e_j}, \forall j \tag{2-20}$$

式中，$\sum_{i=1}^{5} w_i = 1, 0 < w_i \leq 1$。

步骤6 综合指标 $e_{\eta \in \Gamma}(t)$，即

$$e_{\eta \in \Gamma}(t) = \sum_{i=1, j=1}^{5} w_i M_j, \forall i, j \tag{2-21}$$

那么对于交叉口入口、出口和冲突区域的变量状态值，有

$$\begin{cases} e_{x_i \in X}(t) = [e_{x_1}(t), e_{x_2}(t), \cdots, e_{x_m}(t)] \\ e_{y_i \in Y}(t) = [e_{y_1}(t), e_{y_2}(t), \cdots, e_{y_n}(t)] \\ e_{z_i \in Z}(t) = [e_{z_1}(t), e_{z_2}(t), \cdots, e_{z_u}(t)] \end{cases} \tag{2-22}$$

对于交叉口入口车道所处状态的类型为完整场景集合 $S = [\bar{s}_1, \bar{s}_2 \| s_1, s_2, \cdots, s_o]$，其中的 $\bar{s}_1$ 和 $\bar{s}_2$ 表示必须存在的场景，并在此基础上细分扩展。这里必须存在的场景根据实际要求标定。对于交叉口出口车道所处状态的类型只考虑必须存在的场景集合 $S = [\bar{s}_1, \bar{s}_2]$；对于交叉口冲突区域所处状态的类型也只考虑必须存在的场景集合 $S = [\bar{s}_1, \bar{s}_2]$。

【说明】当无须精细划分交通场景时，交通状态可以直接映射为两种场景，这两种场景可以采用传统交通状态中的欠饱和与过饱和描述，因此完整场景的集合 S 必须包括这两种必需的场景。

设计如下分段线性函数集合，以描述交叉口各部分所处场景与变量状态值之间的关系：

$$s_{e_{x_i \in X}}(x_1) = \begin{cases} e_{x_1}(t) \to \bar{s}_1 & [0, a_1] \\ e_{x_1}(t) \to \bar{s}_2 & (a_1, a_2] \\ e_{x_1}(t) \to s_1 & (a_2, a_3] \\ e_{x_1}(t) \to s_2 & (a_3, a_4] \\ \vdots \\ e_{x_1}(t) \to s_o & (a_{o+1}, a_{o+2}] \end{cases} \tag{2-23}$$

$$s_{e_{y_i \in Y}}(x_1) = \begin{cases} e_{x_1}(t) \to \bar{s}_1 & [0, b_1] \\ e_{x_1}(t) \to \bar{s}_2 & (b_1, b_2] \end{cases} \quad (2\text{-}24)$$

$$s_{e_{z_i \in Z}}(x_1) = \begin{cases} e_{x_1}(t) \to \bar{s}_1 & [0, c_1] \\ e_{x_1}(t) \to \bar{s}_2 & (c_1, c_2] \end{cases} \quad (2\text{-}25)$$

将上述分段线性函数进行向量转化，得

$$\begin{cases} s_{e_{x_i \in X}}(x_1) = [e_{x_1, \bar{s}_1}(t), e_{x_1, \bar{s}_2}(t), e_{x_1, s_1}(t), e_{x_1, s_2}(t), \cdots, e_{x_1, s_o}(t)] \\ s_{e_{y_i \in Y}}(y_1) = [e_{y_1, \bar{s}_1}(t), e_{y_1, \bar{s}_2}(t)] \\ s_{e_{z_i \in Z}}(z_1) = [e_{z_1, \bar{s}_1}(t), e_{z_1, \bar{s}_2}(t)] \end{cases} \quad (2\text{-}26)$$

由此可以得到交叉口的交通场景是由关键部分组成的集合 Γ 的变量状态值表示得到。交叉口交通场景集合为 $\varXi$，即

$$\varXi = [\xi_1, \xi_2, \cdots, \xi_\varpi | \varpi \geq 1] \quad (2\text{-}27)$$

其中，ξ_i 为

$$\begin{aligned} \xi_i &= [s_{e_{x_i \in X}} \quad s_{e_{y_i \in Y}} \quad s_{e_{z_i \in Z}}]^T \\ &= \begin{bmatrix} s_{e_{x_i \in X}}(x_1) & s_{e_{x_i \in X}}(x_2) & \cdots & s_{e_{x_i \in X}}(x_m) \\ s_{e_{y_i \in Y}}(y_1) & s_{e_{y_i \in Y}}(y_2) & \cdots & s_{e_{y_i \in Y}}(y_n) \\ s_{e_{z_i \in Z}}(z_1) & s_{e_{z_i \in Z}}(z_2) & \cdots & s_{e_{z_i \in Z}}(z_u) \end{bmatrix} \end{aligned} \quad (2\text{-}28)$$

对式（2-28）进行如下变换，可以得到交叉口交通场景 ξ_i 的 $\sigma = m+n+u$ 维的特征向量。

$$\begin{aligned} \overline{\xi_i} &= [s_{e_{x_i \in X}}^T \quad s_{e_{y_i \in Y}}^T \quad s_{e_{z_i \in Z}}^T]^T \\ &= [s_{e_{x_i \in X}}(x_1) \quad s_{e_{x_i \in X}}(x_2) \quad \cdots \quad s_{e_{x_i \in X}}(x_m) \quad s_{e_{y_i \in Y}}(y_1) \quad s_{e_{y_i \in Y}}(y_2) \quad \cdots \quad s_{e_{y_i \in Y}}(y_n) \quad s_{e_{z_i \in Z}}(z_1) \quad s_{e_{z_i \in Z}}(z_2) \quad \cdots \\ &\quad s_{e_{z_i \in Z}}(z_u)] \end{aligned} \quad (2\text{-}29)$$

这里通过上述描述构建了交通场景集合 $\varXi$，并利用式（2-29）将交叉口交通场景的特征向量压缩为 σ 维，即交通场景的特征由 σ 维向量表示，如图 2-33 所示。这样便完成交叉口有效检测区域的图像化建模并对交通场景图像进行了特征提取，由此便可将交叉口的交通场景辨识问题转化为图像搜索问题。

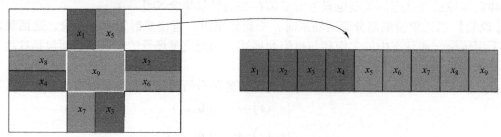

图 2-33　交叉口有效检测区域内关键部位

2.4.2　交叉口交通场景辨识方法

1. 交通场景辨识核心思想

交叉口交通场景辨识的核心思想是，通过扩展离散状态编码技术将 t 时刻交叉口有效检

测区域内的交通变化转化成一种特殊形态的图片,利用图片搜索技术(以图搜图)对输入图片的内容进行检索。图 2-34 所示为交叉口交通场景辨识框架。在线下学习阶段,首先利用扩展离散状态编码技术对交叉口有效检测区域内的原始检测数据进行转换得到五元组表示的离散状态编码数据,并由此组成特性形态的交叉口有效检测区域图像,即实现图像化;其次,利用修正距离熵确定图像关键部分的参数,并以此为交通需求集合定义并映射至交叉口的交通场景集合,提取场景特征并做标签,将其视为训练数据的基础数据库;最后,利用哈希方法将场景特征变量转换为固定长度的哈希编码,得到该基础数据库的哈希编码集合。在线上检索阶段,首先通过图像化过程对输入数据进行处理,并计算得场景特征变量,用线下学习得到的哈希函数把特征变量映射成哈希编码,然后依次比较查询图像与基础数据库中图像的哈希码的汉明距离,最后把查询结果按汉明距离重新排序后返回,至此得到查询数据的场景类型。

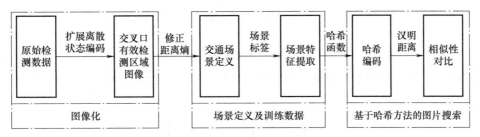

图 2-34 交叉口交通场景辨识框架

2. 基于半监督哈希算法的交叉口交通场景辨识方法

图 2-35 所示为基于哈希函数的交通场景检索原理图。在线下学习阶段,首先对训练场景库中的场景采用上述方法进行特征提取;然后,对训练场景库得到特征学习一组哈希函数,每个哈希函数会把场景的特征映射成 0 或 1,因此每个场景通过一组哈希函数就会得到一个二值序列,这个二值序列就是图像对应的哈希编码。利用该方式,将训练场景库中的所有场景都生成一个哈希编码,得到该图像库的哈希编码集合。在学习哈希函数时,一般以保持原始特征空间种的相似关系为学习目标。在线上检索阶段,给定一张测试场景后,首先提取该场景的特征,用线下学习得到的哈希函数把特征射成哈希编码;然后,依次比较测试场景与训练场景库中场景的哈希码的汉明距离;最后,把查询结果按汉明距离重新排序后返回[6]。

(1)构造哈希函数

由式(2-29)可知,一个交通场景图像的特征的维度为 σ。假设场景库中共有 L 幅场景图像,则对应整个场景库中场景图像的特征集合可表示为,$B \in \Re^{\sigma L}$。构造哈希函数的关键是找到场景特征与汉明空间的映射关系[7,8]。通常采用线性哈希函数形式:

$$h_k(\bar{\xi}_i) = \mathrm{sgn}(\pmb{w}_k^\mathrm{T} \bar{\pmb{\xi}}_i + l_k) \tag{2-30}$$

式中,$\bar{\xi}_i$ 为一个场景的特征向量;k 为第 k 位哈希码;l_k 为训练场景库中所有场景的特征向量的期望值,可以对场景的特征进行均值 0 化处理,从而可以简化公式,将该项去掉。而其中的 $\pmb{w}_k^\mathrm{T}$ 即为哈希函数的关键,为所要学习的向量。这是将一个场景作为整体进行哈希的函数,得到

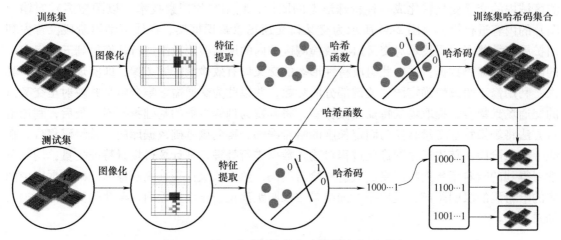

图 2-35 基于哈希函数的交通场景检索原理图

$$h_k(\bar{\xi}_i) = \text{sgn}(w_k^T \bar{\xi}_i) \tag{2-31}$$

并且式（2-31）根据函数 sgn( ) 的结果为 -1、0 和 1，需要对式（2-31）进行转化使得其值为二值化，即 0 和 1，有

$$y_k(\bar{\xi}_i) = \text{sgn}\left\{\frac{1}{2}\left[1 + h_k(\bar{\xi}_i)\right]\right\} \tag{2-32}$$

令 $H = [h_1, h_2, \cdots, h_K]$ 表示哈希函数族，$W = [w_1, w_2, \cdots, w_K]$ 为所需构造的 K 个向量的矩阵。构造的哈希函数需要将特征上相近的场景经过哈希转化出相同或相近的哈希码，而对于特征上不相似的场景则得到的哈希码的差异性应尽可能大。为此，定义如下目标函数：

$$J(H) = \sum_k \left\{ \sum_{(\bar{\xi}_i, \bar{\xi}_j) \in \Omega} h_k(\bar{\xi}_i) h_k(\bar{\xi}_j) - \sum_{(\bar{\xi}_i, \bar{\xi}_j) \in \Psi} h_k(\bar{\xi}_i) h_k(\bar{\xi}_j) \right\} \tag{2-33}$$

【说明】 这里定义带有标签的场景对 (i, j) 必属于两个集合之一。$(\bar{\xi}_i, \bar{\xi}_j) \in \Omega$ 表示图像 i 和图像 j 的标签一样或相似；$(\bar{\xi}_i, \bar{\xi}_j) \in \Psi$ 表示图像 i 和图像 j 的标签不同或不相似。

定义如下系数：

$$P_{ij} = \begin{cases} 1 & (s_i, s_j) \in \Omega \\ -1 & (s_i, s_j) \in \Psi \end{cases} \tag{2-34}$$

将式（2-33）转换为

$$\begin{aligned} J(H) &= \frac{1}{2} \text{tr}\{H(\Lambda)^T P H(\Lambda)\} \\ &= \frac{1}{2} \text{tr}\{\text{sgn}(W^T \Lambda)^T P \text{sgn}(W^T \Lambda)\} \end{aligned} \tag{2-35}$$

Λ 为场景中带有标签的场景的特征矩阵，每个场景的特征为 Λ 的一个列向量。假设训练场景库中有 ς 张带有标签的场景，这里每个场景的特征的维度为 K，则 Λ 的维度为 $K \times \varsigma$。$H(\Lambda)$ 的维度为 $K \times \varsigma$。W 的维度为 $K \times K$。$\text{sgn}(W^T \Lambda)$ 为训练场景库中带标签的场景的哈希码序列矩阵。P 为带标签的场景对的关系矩阵。

从上述目标函数可以看出，最大化目标函数的解是当任意两个场景的特征一样或相似时，其哈希码相同，即为1；当两个场景的特征不一样或不相似时，其哈希码也不同，即为0。因此，要解哈希函数，只需解决上述目标函数的最大化即可。为此，可得到下式：

$$H^* = \underset{H}{\operatorname{argmax}} J(H) \tag{2-36}$$

由于式（2-36）本身不可微，由此很难求解。因此，可以给出一个简单的松弛，即将式（2-36）符号操作放宽，以有效求解。故对式（2-34）目标函数的正负号放宽，得到以下变形的目标函数：

$$J(W) = \sum_k \left\{ \sum_{(\bar{\xi}_i, \bar{\xi}_j) \in \Omega} w_k^T \bar{\xi}_i \bar{\xi}_j^T w_k - \sum_{(\bar{\xi}_i, \bar{\xi}_j) \in \Psi} w_k^T \bar{\xi}_i \bar{\xi}_j^T w_k \right\} \tag{2-37}$$

对其中的 w_k 进行归一化处理，令 $\|w_k\|=1$，这样并不会影响求解的结果。再将式（2-37）转换为矩阵形式：

$$J(W) = \frac{1}{2} \operatorname{tr}\{W^T \Lambda P \Lambda^T W\} \tag{2-38}$$

式（2-38）只描述了场景库中有标签的成分，再加上无标签的部分后，可得到完整的目标函数：

$$\begin{aligned} J(W) &= \frac{1}{2} \operatorname{tr}\{W^T \Lambda P \Lambda^T W\} + \frac{\eta}{2} \operatorname{tr}\{W^T B B^T W\} \\ &= \frac{1}{2} \operatorname{tr}\{W^T [\Lambda P \Lambda^T + \eta B B^T] W\} \\ &= \frac{1}{2} \operatorname{tr}\{W^T \Phi W\} \end{aligned} \tag{2-39}$$

令 $\Phi = \Lambda P \Lambda^T + \eta B B^T$，为一个 $D \times D$ 维的协方差矩阵，B 为场景中不带有标签的场景的特征矩阵。至此，将目标函数转化为

$$W^* = \underset{W}{\operatorname{argmax}} J(W)$$

约束条件 $\quad W^T W = I \tag{2-40}$

此时，最大化目标函数变为带有约束条件 $W^T W = I$ 的一个典型特征值求解问题。对 Φ 进行特征值分解，并将特征值由大到小排列为 $[\lambda_1, \lambda_2, \cdots, \lambda_D]$，其对应的特征向量为 $[\omega_1, \omega_2, \cdots, \omega_D]$。那么，取前 K 个特征值对应的特征向量即为式（2-40）的解，$W = [\omega_1, \omega_2, \cdots, \omega_K]$。但是，由于所得哈希函数受 $W^T W = I$ 限制，且此限制条件要求求得的解向量相互正交。为此，将该条件放宽，以得到更通用的哈希函数。基于前述结果，定义新的目标函数：

$$\begin{aligned} J(W) &= \frac{1}{2} \operatorname{tr}\{W^T \Phi W\} - \frac{\varepsilon}{2} \|W^T W - I\|_F^2 \\ &= \frac{1}{2} \operatorname{tr}\{W^T \Phi W\} - \frac{\varepsilon}{2} \operatorname{tr}[(W^T W - I)^T (W^T W - I)] \end{aligned} \tag{2-41}$$

此时目标函数非凸，用局部最优解代替最大值，对式（2-41）求导并令导数为0，有

$$\frac{\partial J(W)}{\partial (W)} = 0 \Rightarrow \frac{1}{2}\left(W^T W - I - \frac{1}{\varepsilon}\Phi\right) W = 0 \tag{2-42}$$

式（2-42）有无穷多解，当保证 $Q = 1 + \frac{1}{\varepsilon}\Phi$ 为对称正定阵时，可以得出其中一个解为

$$W W^T W = \left(1 + \frac{1}{\varepsilon}\Phi\right) W \tag{2-43}$$

51

解得

$$W = U_K \Sigma_K^{1/2} U_K^T \tag{2-44}$$

式中，U_K 为 Φ 的前 K 个最大的特征值对应的特征向量矩阵；Σ_K 为对角元素 $\frac{\lambda_i}{\varepsilon}+1$ 的对角阵。这里对 Q 进行楚列斯基（Cholesky）分解，然后乘以 Φ 的前 K 个特征向量：

$$C = \text{chol}(Q, \text{'lower'})$$
$$W = CU_K \tag{2-45}$$

求取使得 $Q = 1 + \frac{1}{\varepsilon}\Phi$ 为对称正定阵的 ε 的范围。$\Phi = \Lambda P \Lambda^T + \eta BB^T$ 为对称阵，其可表示为 $\Phi = U\text{diag}(\lambda_1, \lambda_2, \cdots, \lambda_D)U^T$。令 $\lambda_{\min} = \min(\lambda_1, \lambda_2, \cdots, \lambda_D)$，则 Q 显然也是对称阵。Q 可表示为

$$\begin{aligned} Q &= 1 + U\text{diag}\left(\frac{\lambda_1}{\varepsilon}, \frac{\lambda_2}{\varepsilon}, \cdots, \frac{\lambda_D}{\varepsilon}\right)U^T \\ &= U\text{diag}\left(\frac{\lambda_1}{\varepsilon}+1, \frac{\lambda_2}{\varepsilon}+1, \cdots, \frac{\lambda_D}{\varepsilon}+1\right)U^T \end{aligned} \tag{2-46}$$

当所有特征值都满足 $\frac{\lambda}{\varepsilon}+1 > 0$ 时，Q 即为对称正定阵。此时，$\varepsilon > \max(0, -\lambda_{\min})$。

（2）生成哈希码

从式（2-43）中的 W 取出任意一个列向量，带入哈希函数可以为一个场景生成一位哈希码。至此，学习得到了对一个场景进行哈希的哈希函数族 $Y = [y_1, y_2, \cdots, y_K]$。同时，考虑到交叉口的交通场景由交叉口的有效检测区域的关键部位的状态集合决定，因此令 $K = \sigma$ 得到哈希编码的比特数。

（3）相似性度量

基于哈希算法的相似性度量函数只需要计算出测试场景与训练库中场景的哈希码序列的汉明距离即可，如下式：

$$\text{HM}(H(\bar{\xi}_i), H(\bar{\xi}_j)) = \text{sum}(\text{xor}(H(\bar{\xi}_i), H(\bar{\xi}_j))) \tag{2-47}$$

式（2-47）表示对于一个待查的交通场景，计算该场景的哈希码与训练库中的哈希码的汉明距离，如果汉明距离越小表示该场景与查询场景越相似，反之则不相似。基于半监督哈希算法的交叉口交通场景辨识方法算法步骤见表 2-4。

表2-4　基于半监督哈希算法的交叉口交通场景辨识方法算法步骤

步　骤	方　法
1	通过扩展离散状态编码技术，将原始检测数据转换成五元组描述形式，进而提出图像化概念，得到该时刻交叉口有效检测区域内的检测图像
2	设计交通场景（图片语义），并采用人工标注方式标注交通场景特征
3	对检测图像进行特征提取
4	构造哈希函数，将场景特征映射为固定比特的哈希编码
5	计算汉明距离进行相似度比较，进行交通场景辨识

2.4.3 仿真验证

1. 仿真设计

为了验证基于半监督哈希算法的交叉口交通场景辨识方法的有效性，采用 6 种场景进行验证，即 $S=[s_1,s_2,s_3,s_4,s_5,s_6]$。其中各量分别对应欠饱和、过饱和、欠饱和与公交优先、过饱和与公交优先、欠饱和与紧急车辆、过饱和与紧急车辆。利用 VISSIM 仿真环境将其与传统的交通状态辨识方法进行仿真对比实验。所选用的仿真数据均以现实交叉口为背景进行设计。每次仿真时间为 36000s，每组进行 10 次仿真并取平均值。其中，评价指标选择精细度、准确率和实效性，数据采样间隔为 3600s。需要对实验予以以下说明：

1）这里选择的欠饱和、过饱和两个场景是与采用饱和度判断方法交通状态相同的，目的是为了能够与传统方法进行比较。

2）所选对比的方法能够适当代表一类传统交通状态辨识方法且都是以饱和度判定为基础进行扩展的，具有比较的基础。

3）未将该方法与现有公交优先、紧急车辆的相关研究内容作比较，是由于现有研究大多采用 RFID 和 GPS 结合的方式进行特殊车辆的识别，而对于饱和状态仍然采用传统饱和度判定方法，故未进行比较。

4）仿真中选择交叉口 6 种具有代表性的典型场景进行分析，未扩展和丰富其他场景，但该方法可以通过进一步丰富场景集合以更加精细地划分，在后续研究中将对场景进行丰富并仿真验证。

【说明】

1）实验中采用的 6 种典型场景分别为欠饱和、过饱和、欠饱和与公交优先、过饱和与公交优先、欠饱和与紧急车辆、过饱和与紧急车辆。为了便于与传统方法进行比较，欠饱和与过饱和采用"饱和度"予以划分，即 $x=\dfrac{qC}{gS}$，$x \geq 1$ 时为过饱和，$x<1$ 时为欠饱和；欠饱和与公交优先、过饱和与公交优先、欠饱和与紧急车辆、过饱和与紧急车辆四种场景分别为不同饱和度条件下，公交优先车辆与紧急车辆和社会车辆形成的不同车种的混合交通流。

2）用于对比的两种方法都是以饱和度计算为基础的。其中，传统方法 1 采用信号周期内所有相位中最大饱和度值作为依据进行状态判别；传统方法 2 通过建立流量和绿信比关系图，利用时间-排队图计算排队车辆是否清空，来实现对交通状态的判断。

2. 仿真参数

采用 VISSIM 仿真环境，仿真参数设置见表 2-5。

表 2-5 VISSIM 仿真环境仿真参数设置

参　　数	值
路段长度	470~490m
车道宽度	3.5m
车道数	双向 4 车道
转向比例	3∶7（左转∶直行）
车速分布	[20km/h, 60km/h]

(续)

参　　数	值
车型分布	3∶97（大型车∶小型车）
大型车分布	100∶1（公交车∶紧急车）
信号控制阶段	阶段1，南北直行；阶段2，南北左转；阶段3，东西直行；阶段4，东西左转
控制阶段时间	阶段1，40s；阶段2，20s；阶段3，40s；阶段4，20s 间隔时间，黄灯 3s
输入流量	初始，阶段1为1000辆/h，阶段2为500辆/h，阶段3为1000辆/h，阶段4为500辆/h。每隔3600s令各阶段流量乘以变化系数 x，有 $0.5<x<2$
原始数据	车辆ID、车速、经纬度、时间戳、车长、车型等
关键部位	$x_1\sim x_8$ 为8个入口车道，顺序按北东南西
场景类型	6种（欠饱和、过饱和、欠饱和与公交优先、过饱和与公交优先、欠饱和与紧急车辆、过饱和与紧急车辆）
仿真时间	36000s

3. 训练集与测试集

模拟数据的采样间隔设置为1s，以模拟检测器的检测频率，为此提供36000个样本（仿真时长为36000s）。使用30000个样本作为训练集，其中有标签的样本为3000个，无标签的样本为27000个；使用6000个样本作为测试集（见表2-6）。训练集中所用样本通过仿真获取得到，再利用本节方法对场景进行划分。以交叉口关键部位 x_1 为例计算得到6种场景的状态变量值：欠饱和 $s_1=[0,0.15)$、过饱和 $s_2=[0.15,0.21)$、欠饱和与公交优先 $s_3=[0.21,0.33)$、过饱和与公交优先 $s_4=[0.33,0.49)$、欠饱和与紧急车辆 $s_5=[0.49,0.65)$、过饱和与紧急车辆 $s_6=[0.65,0.81)$，并且令仿真中交叉口关键部位 $x_1\sim x_8$ 的场景状态变量划分相同。

表2-6　仿真数据样本

集合类型	样　本　量	
	无标签	有标签
训练集	27000	3000
测试集	6000	0

4. 仿真结果分析

为了验证本节方法，采用精细度FI、准确率AC和实时性TM三个指标进行效果评价，定义为

$$\begin{cases} \mathrm{FI} = \dfrac{\mathrm{TP}}{\mathrm{TP+FN}} \\ \mathrm{AC} = \dfrac{\mathrm{TP+TN}}{\mathrm{TP+FP+FN+TN}} \\ \mathrm{TM} = \dfrac{\mathrm{FE}}{\mathrm{FT}} \end{cases} \quad (2\text{-}48)$$

式中，TP为被正确搜索到的样本数量；FN为被错误搜索到的样本数量；TN为非标签类型

且未被搜索到的样本数量；FP 为非标签类型且被搜索到的样本数量；FE 为判别时间；FT 为总搜索时间。

如图 2-36 所示，从结果分析来看，采用该方法在交叉口的交通场景识别的精细度和实效性上均有较高提升，准确率上与传统方法相近。具体来说，如图 2-36a 所示，该方法比所选传统方法在识别不同场景时的精细度有较大幅度提升。原因在传统中只能识别欠饱和与过饱和两种场景，而其他场景无法识别；但图 2-36a 所示的传统方法的精细度也并非很差，这是由于在设置仿真实验时设计的特殊车辆与社会车辆的比例相差较大，导致除了欠饱和与过饱和之外的其他场景出现的频率比较低。如图 2-36b 所示，该方法在场景识别的准确率上与传统方法相近，都能较为准确地识别标签标记的交通场景。同时对于准确率来说，由于训练库中的有标签样本的数量只占总样本的 10%，在后续研究中通过进一步提高有标签样本的占比，有望使得准确率继续提升。如图 2-36c 所示，该方法在实时性上提升幅度非常明显。其原因在于，该方法由于是利用样本搜索，所以具有实时性特点；传统的基于饱和度的交通状态辨识方法，在计算饱和度时需要利用周期和绿灯时间，因此具有周期间隔。

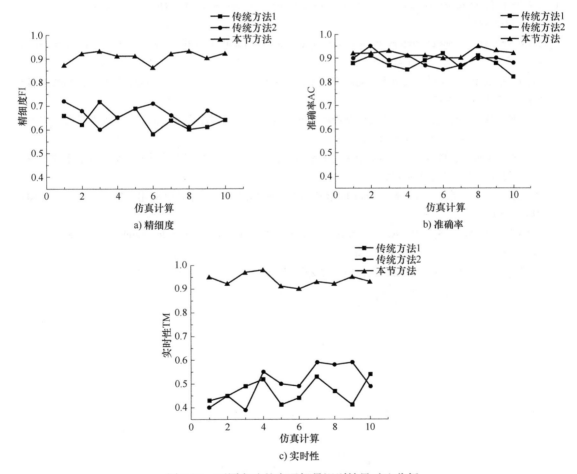

图 2-36 不同方法的交通场景识别结果对比分析

本节从先进检测方式原始数据丰富特征入手，构建交叉口有效检测区域的图像化模型；然后，将交叉口交通状态识别转化为图像搜索问题，利用监督哈希算法实现基于标签信息的图像搜索，进而得到交叉口的交通状态；最后利用仿真采样数据对本节方法进行了验证。结果显示，本节方法可以精细识别交叉口时间序列上的全部交通状态。

2.5 小结

本章以辨识为主题，考虑交通控制绿灯时间约束及道路排队空间约束对交叉口过饱和状态判别的影响，基于控制理论中可控性概念，并结合交叉口动力学模型，提出了交叉口过饱和状态辨识方法。在精细化检测数据的基础上，建立了交叉口检测区域的图像化模型，并将交叉口状态参数识别问题转化为图像搜索问题，设计了基于半监督哈希算法的图像搜索算法，实现对交叉口状态参数的准确识别；提出了交通场景概念，将交通状态辨识推进到交通场景辨识的深度。

参 考 文 献

[1] GAZIS D C. Optimum control of a system of oversaturated intersections [J]. Operations Research, 1964, 12 (6): 815-831.

[2] LONGLEY D. A control strategy for a congested computer controlled traffic network [J]. Transportation Research, 1968, 2 (4): 391-408.

[3] 林瑜, 杨晓光, 马莹莹. 城市道路间断交通流阻塞量化方法研究 [J]. 同济大学学报（自然科学版）, 2007, 35 (3): 336-340.

[4] 王殿海, 陈松, 魏强, 等. 基于二流理论的路网宏观交通状态判断模型 [J]. 东南大学学报（自然科学版）, 2011, 41 (5): 1098-1103.

[5] 吴志勇, 丁香乾, 鞠传香. 一种基于深度学习的离散化交通状态判别方法 [J]. 交通运输系统工程与信息, 2017, 17 (5): 129-136.

[6] 苏毅娟, 余浩, 雷聪, 等. 基于 PCA 的哈希图像检索算法 [J]. 计算机应用研究, 2018, 35 (10): 3147-3150.

[7] WANG J, KUMAR S, CHANG S F. Semi-Supervised Hashing for Large-Scale Search [J]. IEEE Transactionson Pattern Analysis and Machine Intelligence, 2012, 34 (12): 2393-2406.

[8] 周建辉. 基于半监督哈希算法的图像检索方法研究 [D]. 大连: 大连理工大学, 2011.

第 3 章

控 制

3.1 概述

城市道路网络由交叉口和路段组成。路网中的交通流,一般源自上游交叉口,形成于连接路段,汇聚至下游交叉口。传统交通控制理论,以交叉口控制为核心,很少考虑对连接路段上交通流的控制。其本质上采用的是以适应交通流为目标的被动控制方式,主要存在以下两个问题:

1) 在不考虑路网特性时,单交叉口无法通过上下游协同控制的方式实现对交通流的影响,在适应交通流时呈现出"兵来将挡"的被动之势,难以在交通流形成、通过的全过程中提供控制能力。

2) 连接路段交通流的随机性可能导致交通流的不稳定,容易产生路段拥堵,并最终导致交叉口拥堵的发生。

将交叉口和连接路段作为整体统一建模,以交通时空资源为基础将与交叉口控制有关的要素进行时空资源描述,对于构建新型交通控制模型具有重要的意义,直接影响交叉口控制的灵活性和先进性。道路网络交通流变化的本质是交通需求与时空资源匹配,而交通控制就是在保证交通安全的基础上对时空资源进行分配的方式。基于传统交通控制理论的具有普遍适用性的交通控制模型,可以分为两类:一般只将相位、相序、周期、绿信比作为动态变量,描述的是道路时间资源的分配,而难以实现对道路空间资源有效分配,称为被动控制;通过扩展控制变量的维度,将车道、车速等作为动态变量,增加了空间资源的分配和主动调节交通流的能力,称为主动控制。

3.2 基于状态可控性分析的交叉口切换控制研究

切换控制系统是应对混杂动态系统的一个重要方法。系统的连续动态由若干个子系统来描述,而系统的离散动态是研究某一时刻系统的连续动态由哪个子系统来刻画[1]。目前,切换控制系统主要研究切换控制系统的稳定性、切换控制系统的时效性和切换控制策略的有效性三方面[2]。城市道路交通是典型的混杂动态系统,因此开展基于城市道路交通背景的切换控制系统研究是非常必要的。

赵晓华等[3]建立了两交叉口切换控制模型,并通过相位组合方式将其转化为单交叉口形式,采用智能体与Q学习算法实现了两交叉口的协调控制;何忠贺等[4]将切换服务系统应用到交叉口信号控制中,设计了"带有服务时间上限的固定相序切换"服务策略,并进行了切换服务系统周期稳定性的研究;范立权等[5]通过分析城市快速路出入口匝道及辅路交叉口的交通流特性，利用混杂自动机原理建立了交叉口混杂切换系统模型，并利用模糊逻辑的方法优化交叉口的切换顺序实现了对快速路区域的协调控制；向伟铭等[6]通过将过饱和状态下排队车辆消散问题抽象为一类离散事件切换系统的指数稳定性问题，将排队溢出问题视为该类系统的有界性问题，建立了信号交叉口的离散时间切换系统模型，并采用李雅普诺夫函数方法分析了信号交叉口的稳定性和有界性，同时给出了排队消散的控制策略。

已有学者将切换控制应用于城市道路交通控制中，但多集中在切换序列的研究上，而针对不同交通状态变换下控制策略的研究（即不同交通状态下的切换控制的研究）还比较少；同时，现有交通过饱和状态多是由于控制策略不合理导致的情况，交通状态不能完全反映出交叉口的可控状态。因此，这里提出交叉口可控性的概念，并以控制状态为条件进行交叉口的切换控制，能够使得控制策略更加适合交叉口的信号控制。

3.2.1 交叉口状态可控性分析

经典控制理论中对系统的能控性描述如下："考虑一个系统，输入和输出构成系统的外部变量，状态属于反映运动行为的系统内部变量。从物理直观性看，能控性研究系统内部状态是否可由输入影响。"

交通系统属于复杂的非线性系统，同时具有非线性、时变性等特点，经典控制理论难以准确描述其运行机理。针对该问题，结合交通控制的特点，这里提出交叉口可控性的概念。

交叉口的可控性是考察，处于平衡状态的车辆受到扰动后，交通流状态最终是否会演化到初始的平衡状态。如果交叉口是不可控的，扰动会沿着车流向上游传播，逐渐使畅通行车演化为交通阻塞。如果交叉口是可控的，干扰在整个交通流中的传播由大变小直至消失或能稳定保持在一个较小的范围内，整个交通流内车辆依然能够顺畅通行。

从微观角度来说，交叉口的可控性研究是要明确，当交通系统中的扰动在车辆之间相互传递时会出现何种结果。当交叉口是不可控的，扰动会引起交通系统中车辆排队长度的波动，且该波动幅度持续增大，最终形成交通拥堵；反之，扰动在开始时引起小范围波动，但随着时间的推移而逐渐减小，在给定时间内完全消失或依然保持在一定的范围之内没有增加的趋势，交通系统处于平稳状态。

通过上述解释，可控性的基本描述即已完成，本节中将引入通过率、阻塞率及其综合作用结果等内容详细进行可控性分析，以最终得到交叉口可控性的定义。

1. 通过率、阻塞率及综合作用结果

当交叉口处于过饱和交通控制的过程中，随着时间的推移，各相位顺序获得通行权，此时获得通行权的车辆能够通过交叉口继续行驶，对于这种由交通控制产生的车辆通行，这里描述为交叉口的车辆的通过率。当该相位通行权结束时，如果存在剩余排队的车辆，则这些车辆便是交叉口阻塞的车辆，基于这种描述，引入交叉口通过率的概念，如下式：

$$M = \frac{P_{\text{control}}}{P_{\text{control}} + \Delta x_{\text{queue}}} \quad (3-1)$$

式中，M 为交叉口的通过率，即通过车辆数与总需求车辆数的比，$M \leq 1$；$P_{\text{control}} = \sum_{i=1}^{n} S_i g_i(k)$，为交叉口的通行能力；$\Delta x_{\text{queue}} = \sum_{i=1}^{n} \frac{\Delta x_i(k)}{\bar{x}}$，为交叉口剩余排队车辆数。

同理，阻塞率用下式表示：

$$N = \frac{\Delta x_{\text{queue}}}{P_{\text{control}} + \Delta x_{\text{queue}}} \qquad (3\text{-}2)$$

式中，N 为交叉口的阻塞率，即剩余排队车辆数与总需求车辆数的比，$N \leq 1$。

如图 3-1 所示，交叉口的通过率和阻塞率是同时作用于交通控制过程中的。在交叉口处于过饱和状态下，随着车辆排队增加，交叉口的通过率逐渐降低，而交叉口的阻塞率逐渐增加，其中综合作用的结果即可用于描述交叉口的可控性。

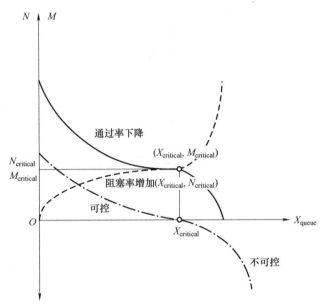

图 3-1　交叉口通过率和阻塞率变化示意图

由式（3-1）和式（3-2）得

$$R = M - N \qquad (3\text{-}3)$$

式中，R 为交叉口通过率和阻塞率的综合作用结果。本书采用 R 对交叉口的可控性进行描述。在给定输入和周期条件下，在一定的时间界限内，当 $R<0$ 时，交叉口阻塞率会不断增加，交叉口的控制效果会持续变差，直至排队溢出，此时认为交叉口不可控；当 $R=0$ 时，交叉口通过率和阻塞率保持不变，交叉口的排队状态也保持不变，此时认为交叉口可控；当 $R>0$ 时，交叉口通过率不断增加，交叉口的控制效果会持续变好，交叉口排队不会溢出，此时认为交叉口可控。

由式（3-1）~式（3-3）得

$$R = M - N = \frac{\sum_{i=1}^{n} S_i g_i(k)}{\sum_{i=1}^{n}\left(S_i g_i(k) + \frac{\Delta x_i(k)}{\bar{x}}\right)} - \frac{\sum_{i=1}^{n} \frac{\Delta x_i(k)}{\bar{x}}}{\sum_{i=1}^{n}\left(S_i g_i(k) + \frac{\Delta x_i(k)}{\bar{x}}\right)} \qquad (3\text{-}4)$$

2. 基于交通波理论的剩余排队分析

对于前面提到的 Δx_i，这里通过交通波理论获得。对于上游稳定到达的流量 q，从红灯启亮时刻考察路段排队的变化情况，根据交通波理论，两种交通状态相遇时产生的交通波的波速为 $u=\dfrac{q_1-q_2}{k_1-k_2}$。该波速值为流量-密度关系图中两个状态对应的两个点相连形成的连线的斜率，如图 3-2 和图 3-3 所示。

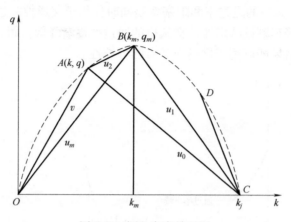

图 3-2　流量-密度关系图

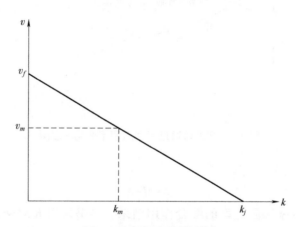

图 3-3　速度-密度关系图

当红灯启亮时，产生一停车波向后传播，设其波速为 u_0；当绿灯启亮时，产生一启动波，设其波速为 u_1；经过时间 t'，两个波相遇时，产生一新的交通波，将其波速表达为 u_2；该交通波向停车线方向传播，经过时间 t''，u_2 传至停车线，如图 3-4 所示。

由交通波理论可得各个交通波的波速如下：

$$u_1=\dfrac{q_m}{k_j-k_m} \qquad u_0=\dfrac{q}{k_j-k} \qquad u_2=\dfrac{q_m-q}{k_j-k} \tag{3-5}$$

同时，根据图 3-4 所示的几何关系，可推导两个关键时间 t' 和 t''。

有 $u_0(r+t')=u_1 t'$，则

$$t'=\dfrac{u_0 r}{u_1-u_0} \tag{3-6}$$

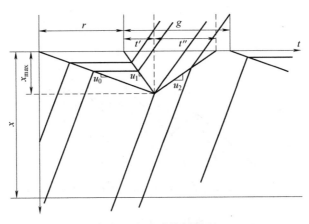

图 3-4 交通波传播情况

有 $x_{\max} = u_1 t' = \dfrac{u_1 u_0 r}{u_1 - u_0}$,可代入下式。

$$t'' = \dfrac{x_{\max}}{u_2} \tag{3-7}$$

当绿灯时间 $g > t' + t''$ 时,可以看出路段上的交通状态重复出现,这是因为状态是稳定的;当 $g = t' + t''$ 时,路段处于临界状态,此时路段的状态仍然是稳定的;当 $g < t' + t''$ 时,设初始路段上无车,由交通波波速计算方法得知,第一个周期结束、第二个周期红灯启亮时,停车线上游的密度为最佳密度 k_m,因而产生的停车波速为 u_1,其大小等于启动波,直到其和 u_2 相遇,又变回 u_0。由于第二个周期停车波波速传播轨迹和第一周期的停车波波速轨迹不一样,造成第二个周期的排队队尾比第一个周期远,进而每个周期的排队队尾都比上一个周期远,因此,这种情况下的路段交通处于不稳定状态[8]。

因此,可得到路段过饱和二次排队产生的临界条件为

$$\begin{cases} x_{\max} = u_1 t' = \dfrac{u_1 u_0 r}{u_1 - u_0} \\ g = \dfrac{x_{\max}}{u_1} + \dfrac{x_{\max}}{u_2} \end{cases} \tag{3-8}$$

由此可知,交叉口状态为欠饱和(指关键相位状态)是路段不发生过饱和二次排队的先决条件。当交叉口不满足临界条件时,排队逐渐向上游增加,如图 3-5 所示,在红灯期间车辆排队长度持续增加,而在绿灯时间排队长度逐渐缩减。其综合作用趋向于排队长度持续增加,其增加的长度取决于流量和绿信比关系。设 r_i 结束时排队长度的增加为 Δx_{r_i},g_i 结束时排队长度的缩减为 Δx_{g_i},根据图 3-5 所示,可得

$$\Delta x_{r_i} = \dfrac{r_i u_0 u_1}{u_1 - u_0} \qquad \Delta x_{g_i} = \dfrac{g_i u_2 u_1}{u_1 + u_2} \tag{3-9}$$

第 i 相位结束时,剩余排队为

$$\Delta x_i = \Delta x_{r_i} - \Delta x_{g_i} = \dfrac{r_i u_0 u_1}{u_1 - u_0} - \dfrac{g_i u_2 u_1}{u_1 + u_2} \tag{3-10}$$

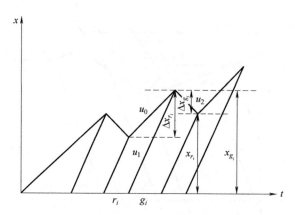

图 3-5 过饱和情况下的路段排队传播[9]

3. 交叉口可控性描述

根据式（3-4）、式（3-5）和式（3-10），交叉口的可控性可用下式描述：

$$\begin{cases} R = M - N = \dfrac{\sum_{i=1}^{n} S_i g_i(k)}{\sum_{i=1}^{n}\left(S_i g_i(k) + \dfrac{\Delta x_i(k)}{\bar{x}}\right)} - \dfrac{\sum_{i=1}^{n} \dfrac{\Delta x_i(k)}{\bar{x}}}{\sum_{i=1}^{n}\left(S_i g_i(k) + \dfrac{\Delta x_i(k)}{\bar{x}}\right)} \\ \Delta x_i(k) = \Delta x_{r_i}(k) - \Delta x_{g_i}(k) = \dfrac{r_i(k) u_0 u_1}{u_1 - u_0} - \dfrac{g_i(k) u_2 u_1}{u_1 + u_2} \\ u_1 = \dfrac{q_m}{k_j - k_m},\ u_0 = \dfrac{q}{k_j - k},\ u_2 = \dfrac{q_m - q}{k_j - k} \end{cases} \quad (3\text{-}11)$$

式中，$q = k u_f\left(1 - \dfrac{k}{k_j}\right)$。

式（3-11）可用于判断交叉口可控性的综合作用结果。在给定输入和周期条件下，在一定的时间界限内，当 $R<0$ 时，交叉口的车辆阻塞率会不断增加，交叉口的控制效果会持续变差，直至排队溢出，此时认为交叉口不可控；当 $R=0$ 时，交叉口的车辆通过率和阻塞率保持不变，交叉口的控制状态也保持不变，此时认为交叉口可控；当 $R>0$ 时，交叉口的车辆通过率不断增加，交叉口的控制效果会持续变好，交叉口排队不会溢出，此时认为交叉口可控。

3.2.2 基于状态可控性分析的交叉口切换控制

准确判断交叉口的可控性是实现交叉口切换控制的关键，而不同控制状态下的控制策略是交叉口正常运行、防治拥堵的保证。交叉口切换控制是指多相位控制交叉口在不同控制状态下控制策略的切换。根据切换系统理论，控制策略的切换可以用有向图 $Y=\{Z,E\}$ 来表示。其中，Z 为控制策略的集合；$E=\{R<0:z_i,z_j\in Y\}$，为控制策略变迁（离散事件）的集合，$R<0$ 表示使控制策略 m_i 变迁到 m_j 的条件[7]。

根据交叉口可控性可知，不同控制状态下的控制策略分为

$$Z=\{z_1,z_2\}$$

式中，z_1 为可控状态下交叉口控制策略；z_2 为不可控状态下交叉口控制策略。

交叉口控制策略的切换过程描述如下：在初始时刻 t_0，具有固定控制相序的交叉口，初始排队为 x_{0i}，控制策略为 z_1，在切换条件 $R<0$ 发生之前，遵循"可控状态"下的交叉口控制策略 z_1；在 t_1 时刻，切换条件 $R<0$ 发生，控制策略变迁为 z_2，即切换条件 $R<0$ 的发生导致控制策略从 z_1 变迁为 z_2，此后交叉口将遵循"不可控状态"下的交叉口控制策略 z_2，并且该切换过程随着切换条件的变化而动态变化。控制策略的切换过程如图 3-6 所示。

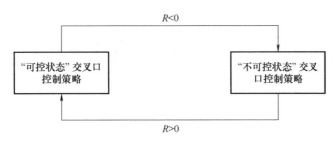

图 3-6 交叉口切换控制过程

1. 交叉口切换控制规则描述

交叉口控制策略的切换控制规则采用逻辑判断的方法，通过判断交叉口的可控性来决定交叉口应该处于哪种控制策略。具体切换规则如下：

1）对交叉口的交通状态进行判断，如果交叉口处于欠饱和状态，则交叉口采用"可控"控制策略；如果交叉口处于过饱和状态，则继续判断交叉口的控制状态。

2）对交叉口的控制状态进行判断，如果交叉口处于"状态可控"，即 $R>0$，则交叉口采用"可控"控制策略；如果交叉口处于"不可控"，即 $R<0$，则将当前运行周期设置为过渡周期，并判断过渡周期是否结束，当过渡周期结束则采用"不可控"控制策略。

3）对于交叉口控制状态的判别，一个运行周期内只进行一次判断。

图 3-7 所示为交叉口切换控制流程框图。

2. "可控"下的交叉口控制策略

针对上述所设计切换控制中的可控状态，采用如下控制策略。

步骤 1 当交叉口处于可控状态时可采用该控制策略，其中交叉口处于可控状态是采用本控制策略的充分必要条件。

步骤 2 设交叉口的控制相位个数为 n，相位 1 首先获得通行权，相序为 $1\rightarrow2\rightarrow\cdots\rightarrow n\rightarrow1 \mid n\geq2$（任意固定相序均可）。

步骤 3 当相位 i 获得通行权，且其内车流被清空 $x_i(k)=0$，相位切换到下一相位 $i+1$，$i=1,\cdots,n-1\mid n\geq2$；当相位 n 获得通行权，且其内车流被清空 $x_n(k)=0$，相位重新切换到相位 1。

步骤 4 当相位 i 获得通行权，其有效绿灯满足下式：

$$g_i(k)=g_{ci}(k)\left(1+\left[\frac{q_i}{\sum_{i=1}^{n}q_i}-\frac{s_i}{\sum_{i=1}^{n}s_i}\right]\right),i=1,2,\cdots,n \quad (3\text{-}12)$$

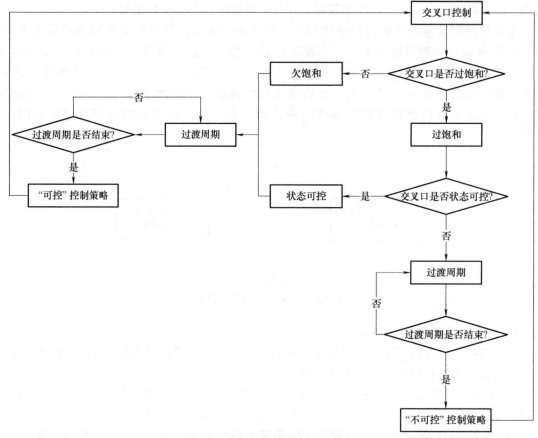

图 3-7 交叉口切换控制流程框图

如果

$$\frac{x_i(k)}{s_i-q_i}>g_{ci}(k)\left(1+\left[\frac{q_i}{\sum_{i=1}^{n}q_i}-\frac{s_i}{\sum_{i=1}^{n}s_i}\right]\right), i=1,2,\cdots,n \mid n\geqslant 2$$

则有

$$g_{i\min}\leqslant g_{ci}(k)\left(1+\left[\frac{q_i}{\sum_{i=1}^{n}q_i}-\frac{s_i}{\sum_{i=1}^{n}s_i}\right]\right)\leqslant g_{i\max}$$

步骤 5 当相位 i 切换到相位 $i+1$ 时,相位损失时间为 $l_{i(i+1)}>0, i=1,\cdots,n-1 \mid n\geqslant 2$;当相位 n 切换到相位 1 时,相位损失时间为 l_{n1}。

3. "不可控"下的交叉口控制策略

针对上述切换控制模型中的不可控状态,采用如下控制策略:

步骤 1 当交叉口处于不可控状态时可采用该控制策略,其中交叉口处于不可控状态是采用本控制策略的充分必要条件。

步骤 2 处于不可控状态下的交叉口主要参数有如下关系:

$$Q_i(k) = \frac{S_i g_i(k)}{C} \tag{3-13}$$

$$P_i(k) = \frac{x_i(k)}{\bar{x}} \frac{1}{g_i(k)} \tag{3-14}$$

由式（3-13）和式（3-14）得

$$Q_i(k) = P_i(k) \tag{3-15}$$

即 $\dfrac{S_i g_i(k)}{C} = \dfrac{x_i(k)}{\bar{x}} \dfrac{1}{g_i(k)}$，变换得

$$x_i(k) C = \bar{x} S_i g_i^2(k) \tag{3-16}$$

因此有 $\sum_{i=1}^{n} x_i(k) C = \bar{x} \sum_{i=1}^{n} S_i g_i^2(k)$，令 $C = L + \sum_{i=1}^{n} g_i(k)$，则有

$$\sum_{i=1}^{n} x_i(k) = \frac{\bar{x} \sum_{i=1}^{n} S_i g_i^2(k)}{L + \sum_{i=1}^{n} g_i(k)} \tag{3-17}$$

设在第 k 周期各相位均有初始排队 $x_{i0}(k)$，则交叉口第 k 周期内总排队为

$$X(k) = \frac{\bar{x} \sum_{i=1}^{n} S_i g_i(k)^2}{L + \sum_{i=1}^{n} g_i(k)} - \sum_{i=1}^{n} x_{i0}(k) \tag{3-18}$$

步骤 3 采用遗传算法进行优化。

1) 相位 1 首先获得通行权，相序为 $1 \rightarrow 2 \rightarrow \cdots \rightarrow n \rightarrow 1 \mid n \geq 2$（任意固定相序均可）。
2) 将周期内交叉口各相位总排队车辆数最小设置为目标函数，有

$$W = \min\left[\sum_{1}^{n} x_i(k)\right] = \min\left[\frac{\bar{x} \sum_{i=1}^{n} S_i g_i(k)^2}{L + \sum_{i=1}^{n} g_i(k)} - \sum_{i=1}^{n} x_{i0}(k)\right] \tag{3-19}$$

式（3-19）满足如下约束条件：

$$\begin{cases} g_{i\min} < g_i(k) \leq g_{i\max} \\ \sum_{i=1}^{n} g_i = \dfrac{C-L}{C} \end{cases} \tag{3-20}$$

3) 设置适应度函数为

$$F = \frac{1}{W} = \frac{1}{\min\left[\dfrac{\bar{x} \sum_{i=1}^{n} S_i g_i(k)^2}{L + \sum_{i=1}^{n} g_i(k)} - \sum_{i=1}^{n} x_{i0}(k)\right]} \tag{3-21}$$

4) 设计包括种群规模、交叉概率、变异概率、优化代数等。

3.2.3 仿真验证

1. 对比验证

下面根据表 3-1 所示的数据，对两相位控制交叉口采取不同控制策略（定时控制、感应控制和本节的切换控制，其中仿真参数设置的交通环境相同）的控制效果进行验证，并对仿真结果进行分析。

表 3-1 两相位控制交叉口各相位流量数据

数据组		方向	
		北进口/(pcu/h)	东进口/(pcu/h)
数据组1	a	245	383
		225	326
	b	210	319
		242	331
	c	233	320
		250	381
	d	277	405
		301	421
数据组2	a	410	491
		389	440
	b	440	521
		399	467
	c	405	511
		400	489
	d	379	470
		360	458
数据组3	a	245	383
		387	488
	b	410	491
		281	325
	c	210	319
		389	440
	b	400	489
		277	405

（1）数据组 1 仿真结果

如图 3-8 所示，选取的数据为交叉口在可控状态之间过度（即"可控"和到"可控"）。图中，实线为定时控制，虚线为感应控制，灰线为本节所提的切换控制。由于本节所设计的欠饱和下的控制策略为感应控制，所以图 3-8 所示的感应控制与本节所提切换控制的曲线重合。在欠饱和状态下，带有初始排队的交叉口各相位在一定时间，排队逐渐减小最终达到排队稳定状态。其中，定时控制下交叉口总排队长度要大于感应控制和切换控制下交叉口的总排队长度。

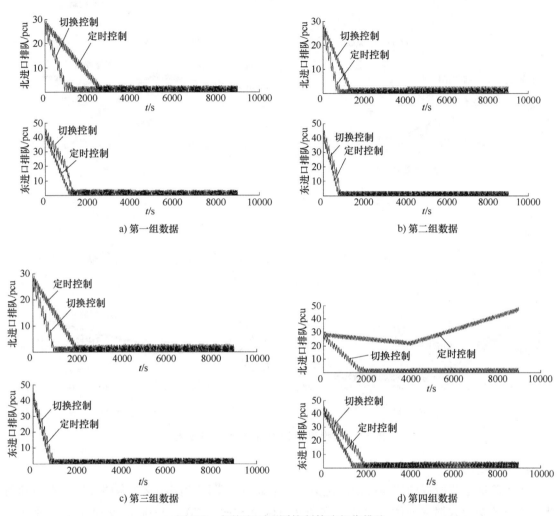

图 3-8 欠饱和下不同控制策略相位排队

（2）数据组 2 仿真结果

如图 3-9 所示，选取的数据为交叉口在不可控状态之间过度（即"不可控"和到"不可控"）。可以看出，在过饱和状态下各种控制策略都不能对交叉口进行有效控制，而本节所提的切换控制减缓了交叉口控制过程中交叉口总排队长度的增加趋势。

（3）数据组 3 仿真结果

如图 3-10 所示，选取的数据为交叉口在可控状态和不可控状态之间过度（即"可控"和到"不可控"，"不可控"和到"可控"）。在不同交叉口变换过程中，本节所提的切换控制在交叉口控制中能有效减小各相位总排队长度，尤其是交叉口从不可控状态转向可控状态时优势更加明显。

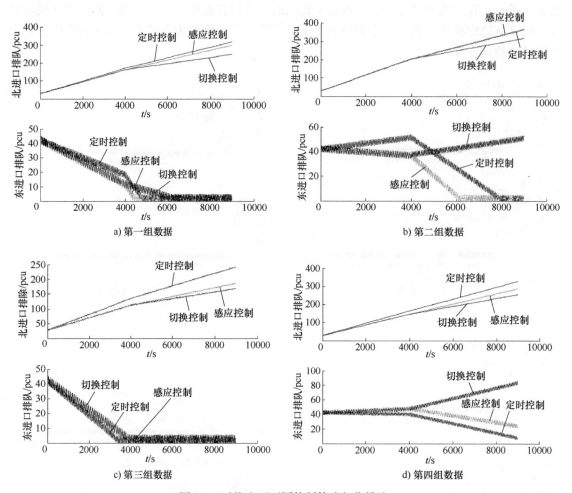

图 3-9 过饱和下不同控制策略相位排队

2. 实例验证

为了验证本节所提的切换控制的优劣，选取北京市学院南路和交大东路交叉口东西和南北两相位的交通数据进行仿真验证，该交叉口两个方向 5:00~21:00 的交通流量如图 3-11 所示（每 15min 采集一次，折合成小汽车标准车当量数）。

如图 3-12 所示，交叉口存在初始排队，在开始阶段由于交叉口处于可控状态，各相位排队长度逐渐减小，直到稳定；在一段时间后由于各相位的流量增加，交叉口从"可控"转向"不可控"，此时相位排队逐渐增加，此后交叉口重复出现前述过程。可以看出，当交叉口处于可控状态时，各种控制策略均能进行有效控制；当交叉口切换至不可控状态时，本节所提的切换控制能够使得交叉口各相位的排队总和达到最小，从而使得交叉口在不可控状态下得到有效控制。同时，交叉口在不同状态转换过程中，本节所提的切换控制也使各相位的排队变化幅度最小，避免出现排队大幅震荡的现象。

本节，在分析交叉口控制状态的基础上引入通过率和阻塞率，利用其综合作用结果定义交叉口的可控性；采用交通波理论分析交叉口相位剩余排队，使得到的综合作用结果更符合交通的实际状况，从而更好地反映出交叉口可控性的真实面目；将交叉口可控性作为切换条

第3章 控　制

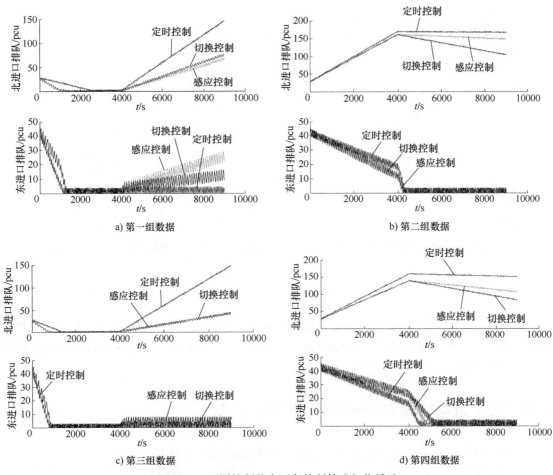

图3-10　不同控制状态下各控制策略相位排队

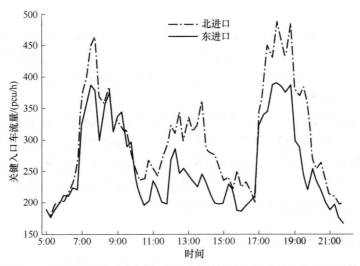

图3-11　学院南路和交大东路交叉口两个方向5:00~21:00交通流量

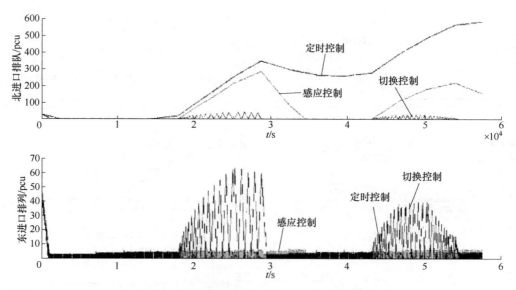

图 3-12 不同控制策略下交叉口各相位排队

件，建立切换控制模型，通过在可控状态下利用清空策略对交叉口进行相应控制，在不可控状态下将交叉口最小总排队设为目标函数并采用遗传算法进行求解的方式对交叉口进行控制，从而得到适应不同状态的交叉口的控制策略。

3.3 基于时空资源动态分配的交叉口控制

从交叉口时空资源分配的角度看，现有交通控制的研究存在如下两个问题：

1) 基于传统交通控制理论的研究，在具有普遍适用性的交通控制模型时，一般只将相位、相序、周期、绿信比作为动态变量，描述的是道路时间资源的分配，而难以实现对道路空间资源有效分配。

2) 现有时空资源协同交通控制的研究，主要是将交叉口设计与信号控制相结合，包括以交叉口渠化或车道功能设计为主的静态协同和以专属车道变化为主的动态协同。其是以时间资源分配为主，考虑交通流的运行特征对空间资源进行有限变化，但仍然难以实现对道路空间资源灵活的动态分配。

考虑到传统交通理论存在的局限和现有时空资源协同控制存在的问题，本节内容，首先从重新定义交通时空资源出发，将车道由静态变量转化动态变量，将具有周期特性的相位和相序转化为具有链状连接特性的相位和相序，以构建交叉口时空资源分配模型；其次，设计了双层优化算法，上层为基于强化学习的车道控制，下层为基于模型预测控制思想的相位控制；最后，通过仿真分析验证了所提方法的有效性。

3.3.1 交叉口时空资源描述

现有研究中对时空资源的描述主要从如下两个角度出发：

1) 从城市交通需求管理角度出发，将时空资源描述为"车辆在行驶中占有一定的道路净空面积，在一次出行时间内以动态方式只占有一次，每辆车出行使用的道路面积在单位服务时间内又可提供给其他车辆重复使用。"[8]

2) 从城市交叉口交通控制角度出发，将时空资源描述为"交叉口时间资源指进口道车流通行绿灯时长，实质为绿信比；交叉口的空间资源主要指进口道车流驻行车空间，实质为饱和流率，时空资源共同决定着交叉口通行能力。"[9]

从交叉口交通控制角度出发的描述是本节研究的重点。但从上述描述可以知道，其实际是基于传统交通控制理论的，本质仍然是在静态空间资源分配的基础上通过对时间资源的动态分配实现时空资源协同。但对于交通控制而言，其控制变量的维度没有发生变化，这就使得想通过现有时空资源协同方法解决交叉口常发拥堵的三类典型场景变得非常困难。因此，将交叉口和路段作为整体统一考虑，研究空间资源动态分配与时间资源动态分配相结合的时空资源协同，通过扩展控制变量的维度实现对控制模型和控制算法能力的提升。

1. 时空资源描述

根据上述讨论，从城市交叉口交通控制角度出发，时空资源可以描述为，以交叉口和路段作为整体，将交通控制中涉及的时空变量以资源的形式进行表示，进而以资源的形式组合和使用。城市交叉口交通控制中涉及的时空变量包括车道、相位、相序、绿灯时间、间隔和损失时间、车速共六类。根据变量自身属性和应用形式，可以给出交通时空资源对应关系（见表3-2）。根据在交通控制过程中使用变量的个数和形式，将时空资源进行分级（见表3-3）。

表3-2 时空资源对应关系

资源类型	变量名称	
空间资源	车道（Lane）	相位（Phase）
时间资源	绿灯时间（Green）	间隔和损失时间（Interval）
时空组合资源	相序（Sequence）	车速（Speed）

2. 时空资源分级

表3-3 时空资源分级

资源分级	变量个数及形式
非常弱资源	绿灯时间、间隔和损失时间
较弱资源	相位、绿灯时间、间隔和损失时间
弱资源	相位、相序、绿灯时间、间隔和损失时间
中等资源	相位、相序、绿灯时间、间隔和损失时间、车道
强资源	相位、相序、绿灯时间、间隔和损失时间、车道、车速

从表3-3所示的时空资源分级可以看出，由于传统交叉口交通控制中涉及的变量至多包括相位、相序、绿灯时间、间隔和损失时间四类，因此其属于弱资源及以下分级，其原因如下：

1) 传统交叉口交通控制体系的形成与当时技术形态密不可分，包括电子计算机、控制器等的周期性运行。其目标为保障车辆通行安全。基于此形成了以周期、绿信比的时间参数和相位、相序的空间参数为特征的交通控制理论。并且，交通控制理论自建立至今，其基础理论体系变化不大，主要创新集中在优化算法或控制方法上。

2）传统交通控制模型和算法的研究一般都具有针对性，即将交通流进行分类，再对不同种类的交通流研究和设计与之相匹配的控制策略。因此，传统交通控制大多是对于单一车种交通流的控制，所利用的控制变量较少。然而，具有时空特性的多车种混合交通流有更加多样的特点，传统交通控制很难有效辨别交织在一起的交通流，无法综合考虑各类车种之间的影响并得到合理的控制结果。

3. 典型场景与时空资源

对于三类典型场景导致的交叉口常发拥堵，以及传统交叉口交通控制在解决该类问题时存在的不足，解决办法应聚焦如下三点：

1）打破传统交通控制中以交叉口渠化或路网规划等合理为前提的假设。
2）解决路段交通流不稳定、无法有效控制的问题。
3）解决多车种混合交通流无法有效辨识和控制方法不具有多类交通流的适用性问题。

根据上述时空资源分级，传统交通控制及方法属于弱资源，其在解决上述三个问题时存在明显不足。资源分级中的中等资源和强资源，通过将车道、车速描述为变量，来作为控制变量进行控制输出，以此提高控制变量的维度，从而能够很好地适应和解决上述三个焦点问题。具体来说，车道属性的量化使得车道转向可调节，能够实现交叉口渠化或路网规划的动态改变，对应解决上述问题1）和3）；路段车速的动态调整可以实现稳定交通流，对应解决上述问题2）。为此，应研究和建立强资源的交通控制模型及算法，以便更好地解决交叉口常发拥堵问题。

当实施交叉口强资源控制时，由于控制所涉及的时空变量增加，且最明显的变化是车道的转向属性由静态变为动态而成为可调节的变量，这将对城市道路交通控制与管理带来极大的变化：

1）如图 3-13 所示，通过调整给定路网上交叉口的车道转向属性，可以改变路网的连接。即，将传统基于交通规划或统计数据设计的固定式的路网（白盒），改变为可随时间变化或政策要求动态调整的可变式的路网（黑盒），从而实现对交通需求的主动影响和对交通流的主动分配。

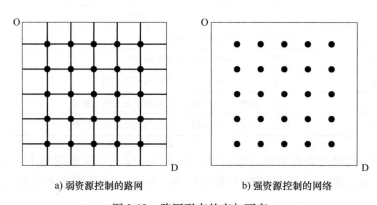

a) 弱资源控制的路网　　　　　b) 强资源控制的网络

图 3-13　路网形态的变与不变

2）如图 3-14 所示，通过对车道转向属性和路段车速两个变量的控制，能够有效提高控制模型的变量维度，从而扩展控制能力，以适应多车种混合交通流或更复杂交通流特性的控制和管理要求。

第3章 控 制

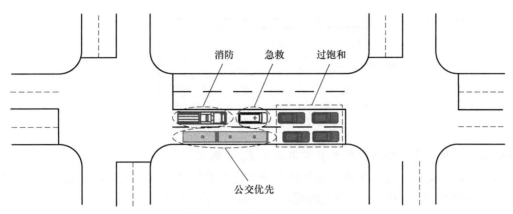

图 3-14 多车种混合交通流

3.3.2 交叉口时空资源动态分配模型

中等资源和强资源描述下的交叉口控制，在解决典型场景常发拥堵存在优势。因此，本章先研究中等资源描述的交通控制，并称其为交叉口时空资源动态分配；之后，研究强资源描述下的交通控制，称其为交叉口主动交通控制。

1. 交叉口存储转发模型

如图 3-15 所示，交叉口由内部冲突区域和上下游连接路段组成。设交叉口的连接路段集合中的路段 j, a 的状态方程为

$$n_{j,a}(k+1) = n_{j,a}(k) + q_{j,a,\text{in}}(k) - q_{j,a,\text{out}}(k) \tag{3-22}$$

式中，$n_{j,a}(k)$ 为路段 j, a 在采样周期 k 的车辆数；$q_{j,a,\text{in}}(k)$ 为采样周期 k 内上游路段发送给路段 j, a 的车辆数；$q_{j,a,\text{out}}(k)$ 为采样周期 k 内路段 j, a 发送给下游路段的车辆数。

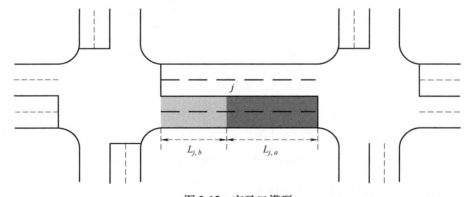

图 3-15 交叉口模型

如图 3-16 所示，式（3-22）表示采样周期 $k+1$ 内路段 j, a 上的车辆数，等于采样周期 k 内路段 j, a 上的车辆数与上游路段流向 j, a 的车辆数和流出 j, a 的车辆数的差的和。

2. 车道调控变量

为了能够准确表征车道属性的动态特性，提出车道基因概念，即将车道的转向属性描述为控制变量作为输出。如图 3-17 所示，车道的转向属性包括左转、直行和右转，分别用 L、

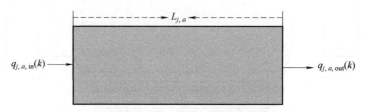

图 3-16 交叉口存储转发模型

T 和 R 表示,即车道的基因的基本组成单元为 L、T 和 R。

具体来说,交叉口进口车道转向属性与下游连接路段,组成了交叉口调度车流的最小单元。如图 3-18 所示,路段 j,a 为上游路段,路段 o 为下游路段。路段 j,a 的车道为 $R_{j,a} = \{r, r=1,2,\cdots,m\}$,其中的 m 表示路段 j,a 包含的车道数。$F_{j,a}(k) = \{f_r^{(j,a)}(k)\}_{r=1,2,\cdots,m}$ 为采样周期 k 内车道基因表达组合,其中的 $f_r^{(j,a)}(k)$ 表示车道 r 的基因表达。$f_r^{(j,a)}(k) = \{G_u^{(j,a\to r)}(k)\}_{u=1,2,3}$,其中的 $G_u^{(j,a\to r)}(k)$ 表示车道 r 的基因。一个车道由 3 个基因组成,分别为 G_1、G_2、G_3。例如 $G_1 \to L$,表示第一个基因映射为左转;$G_2 \to T$,表示第二个基因映射直行;$G_3 \to R$,表示第三个基因映射为右转。那么,有

$$G_u^{(j,a\to r)}(k) = \begin{cases} 0, & \text{基因不表达} \\ 1, & \text{基因表达} \end{cases}$$

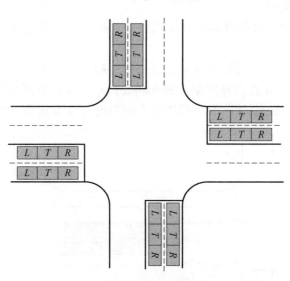

图 3-17 交叉口车道基因组

通过上述描述,可以建立如下的车道基因的调控变量:

$$\Gamma_{j,a}(k) = \{\varpi_{j,a,o}(k)\}_{o=1,2,\cdots,\omega_{j,a}(k)} \tag{3-23}$$

式中,$\Gamma_{j,a}(t)$ 为调控变量集合;$\varpi_{j,a,o}(k)$ 为调控变量,是关于车道数量的函数,由下面的 (3-24) 可得 $\omega_{j,a}(k) = \sum_{u=1}^{3} G_{F_{j,a}(k)[\cup](u)}$。对于路段 j,a 到路段 o 的连接数量 $n_{j,a}(k)$,有 $F_{j,a}(k)[\cup] = f_{r=1}^{(j,a)}(k) \cup f_{r=2}^{(j,a)}(k) \cdots \cup f_{r=m}^{(j,a)}(k)$。$G_{F_{j,a}(k)[\cup](1)}$ 表示车道组基因表达并集的第一个基因,$G_{F_{j,a}(k)[\cup](2)}$ 表示车道基因表达并集的第二个基因,$G_{F_{j,a}(k)[\cup](3)}$ 表示车道基因表达并

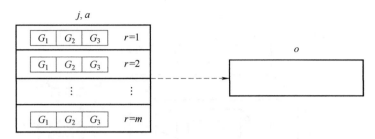

图 3-18　路段 j, a 的车道基因及下游路段连接

集的第三个基因。

$$\begin{cases} \varpi_{j,a,o}(k) = \dfrac{\omega_o^{j,a}(k)}{m} \\ \omega_o^{(j,a)}(k) = \left\{ \displaystyle\sum_{i=1}^{m} G_{i,u}^{(j,a\to o)} \right\}_{u=1,2,3} \end{cases}$$

约束条件　$0 < \varpi_{j,a,o}(t) \leq 1$ （3-24）

式中，$\omega_o^{(j,a)}(k)$ 为车道基因表达后相同基因的数量。

3. 时空资源动态分配模型

将调控变量的式（3-23）带入交叉口存储转发模型的式（3-22），可得

$$n_{j,a}(k+1) = n_{j,a}(k) + q_{j,a,\text{in}}(k) - \sum_{o=0}^{\min\{\omega_{j,a}(k), \omega_{j,a}^{X_x}(k)\}} \varpi_{j,a,o}(k) S_{j,a} g_{j,a,o}(k) \quad (3\text{-}25)$$

式中，$S_{j,a}$ 为路段通行能力；$g_{j,a,o}(k)$ 为采样周期 k 内路段 j, a 所在相位的绿灯时间，且有 $g_{j,a,o}(k) \geq g_{j,a,o,\min}$。

式（3-25）中的 $g_{j,a,o}(k)$ 由以下描述的解空间得到：

1）路口所有方向进口路段的车道基因组表达集合为

$$\Phi_x(k) = \{F_I^{(x)}(k)\}_{I=1,2,\cdots,\varepsilon} \quad (3\text{-}26)$$

2）路口所有方向进口路段的车道在某固定基因组表达时的相位组合的集合为

$$P_{\Phi_x}(k) = \{O_{II}^{(\Phi_x)}(k)\}_{II=1,2,\cdots,\sigma} \quad (3\text{-}27)$$

3）路口所有方向进口路段的车道在某固定基因表达时得到的固定相位组合时相序的集合为

$$\Re_{P_{\Phi_x}}(k) = \{R_{III}^{(P_{\Phi_x})}(t)\}_{III=1,2,\cdots,\zeta} \quad (3\text{-}28)$$

得到交叉口的车道基因、相位、相序关系的解空间（见图3-19）为

$$X_x = \sum_{I=1}^{\varepsilon} \sum_{II=1}^{\sigma} \sum_{III=1}^{\zeta} \aleph_{I,II,III}, F_I^{(x)}(k) \to O_{II}^{(\Phi_x)}(k) \to R_{III}^{(P_{\Phi_x})}(k) \quad (3\text{-}29)$$

采样周期 k 内 $g_{j,a,o}(k)$ 在式（3-29）的解空间中找到一个可行解，并且该可行解应用到式（3-25）中可以完成绿灯时间和调控变量的调节。

式（3-25）的 $\omega_{j,a}^{X_x}(k)$ 表示在采样周期 k 内有约束的 {基因、相位、相序} 的解空间中找到一个可行解后，可以得到在相位组合中属于路段 j, a 的相位的数量，有

$$n_{j,a}^{X_x}(k) = \{Xx : O_{II}^{(\Phi_x)}(k) \subset j \mid F_I^{(x)}(k), R_{III}^{(P_{\Phi_x})}(k)\} \quad (3\text{-}30)$$

由于绿灯时间 $g_{j,a,o}(k)$ 与调控变量 $\varphi_{j,a,o}(k)$ 中的 o 和相位数量有关，因此可由 $n_{j,a}^{X_x}(t)$

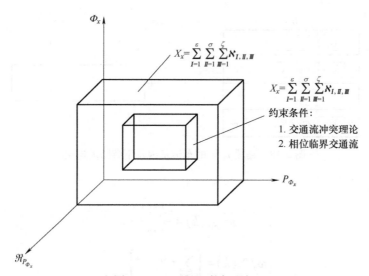

图 3-19 $g_{j,a,o}(k)$ 的解空间

表示。$\min\{\omega_{j,a}(k),\omega_{j,a}^{X_x}(k)\}$ 表示上下游路段连接与相位数量并不相同,原因是 $\begin{cases}\omega_{j,a}(k)\geqslant 1\\ \omega_{j,a}^{X_x}(k)\geqslant 0\end{cases}$,即上下游不能没有连接,但相位可以在采样周期 k 内不从属于相序。

4. 解空间中的约束条件

图 3-19 给出了 $g_{j,a,o}(k)$ 的解空间,对于解空间需要给定约束条件以使得其具有合理性。

(1) 车道基因表达的约束条件

根据《城市道路工程设计规范(2016 年版)》中道路等级和道路渠化的设计要求可知,一个车道的基因组表达组合可以为 $F=\{f\}$,$f=\{G_u\}_{u=1,2,3}$。其中,基因组表达组合最多为 8 种,分别为 $\{0,0,0\}$、$\{0,0,1\}$、$\{0,1,1\}$、$\{1,0,1\}$、$\{0,1,0\}$、$\{1,1,0\}$、$\{1,0,0\}$ 和 $\{1,1,1\}$。并且,可发现 $\{0,0,0\}$ 与 $\{1,1,1\}$ 具有相同属性,即该车道允许车辆左转、直行和右转,故车道基因组表达组合最多为 7 种。车道基因表达的要求为,交叉口入口路段上的所有车道在进行基因表达时,应优先考虑表达后严重冲突交叉点最少。

【说明】 虽然车道基因表达时一般以上述要求为原则,即不增加或减少交叉冲突点的数量,但也要考虑一些交通需求较为特殊的交叉口管控的作用,如图 3-20 所示。

图 3-20 交叉口进口路段车道基因表达结果

(2) 相位划分的约束条件

国家标准 GB 25280—2016《道路交通信号控制机》中给出的相位定义为"在一个信号

周期内,同时获得通行权的一个或多个交通流的信号显示状态"。假设一个交通流至少占用一个车道,由此可知相位是由一个或多个车道上的交通流的信号显示状态组成的。根据交叉口入口路段上所有路段车道基因组表达的情况,可以得到交叉口相位组合的集合 $P_{\Phi_s}(k)=\{O_{II}^{(\Phi_s)}(k)\}_{II=1,2,\cdots,\sigma}$。相位划分的要求为,一股或多股交通流在相同信号显示状态时严重冲突的交叉点数为 0。

(3) 模型的约束条件

根据时空资源动态分配模型,对于每个优化周期 T,均可计算得出一个车道基因表达的优化方案。当优化方案与当前运行方案不一致时,需要判断是采用优化方案,还是保持现状。并不是每次生成不同的车道基因表达都需要实施优化方案,原因如下:一方面,当交通需求变化较小时,车道控制带来的收益可能会很少;另一当面,改变车道功能需要花费更多的代价,可能造成驾驶人的困惑,从而引发安全隐患。因此,在车道控制中,作为交叉口控制中一个较为稳定部分(慢变量)的车道功能在变化频率上应与信号控制这种更易改变的参数(快变量)有所区分[11]。车道控制应当在交叉口供需关系发生显著变化的情况下才使用,如潮汐交通、紧急救援、突发事件、交通拥堵、交叉口死锁、公交优先等,而对于一般的交通需求波动可通过信号控制来调节。一般需要考虑以下几个方面的因素:

1) 方案变化频率约束。车道控制与信号控制的动态优化不同,前者是对交叉口的空间资源进行重新分配,后者是对交叉口的时间资源进行重新分配。车道控制通过改变车道属性会给驾驶人带来直观的感受,对其驾驶行为产生直接的影响。因此,车道控制作为交叉口控制中较为稳定的部分,应限制其变化频率,这里设定最高的变化频率为 10min,以单位阶跃函数[也称赫维赛德(Heaviside)函数]表示为

$$h_1(t) = \begin{cases} 1, t>600s \\ 0, t\leqslant 600s \end{cases}$$

式中,t 为当前运行方案的持续事件;$h_1(t)$ 为方案变化频率约束条件,1 表示满足,0 表示不满足。

2) 交通流变化稳定性约束。由于交通需求的小幅度波动在实际运行中十分常见,只有当交叉口各流向需求已有较为明显的发展趋势或当前交通需求已有了较为稳定的变化特征时,实时车道控制才能起到较好的效果。这里限定至少连续 n 个采样周期动态车道控制的决策条件相同,以赫维赛德函数表示为

$$h_2(t) = \begin{cases} 1, A(T)=A(T-1)=A(T-2)=\cdots=A(T-n) \\ 0, 其他 \end{cases}$$

式中,$A(T)$ 为在控制周期 T 计算得出的车道控制方案;$h_2(t)$ 为交通需求变化稳定性约束条件,1 表示满足,0 表示不满足。

3) 特殊需求约束。当紧急救援、突发事件等特殊需求发生时,为了对其做出快速有效的应对,可通过人为干预或特殊事件指标参数,实施车道控制,以赫维赛德函数表示为

$$h_4(t) = \begin{cases} 1, & C=1 \\ 0, & 其他 \end{cases}$$

式中,$h_4(t)$ 为特殊需求约束条件,1 表示满足,0 表示不满足;$C\in[0,1]$,1 表示特殊事件发生,0 表示特殊事件未发生。

3.3.3 基于双层优化的时空资源动态分配

考虑到交叉口时空资源动态分配模型中车道属性变量和相位、相序、绿灯时间的调控频度不同，设计了双层优化算法。其上层为基于强化学习的车道控制算法，下层为基于模型预测控制思想的相位控制算法，如图 3-21 所示。

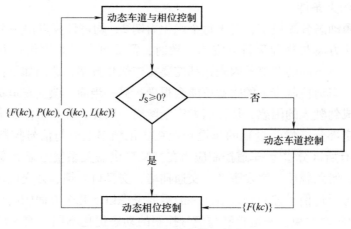

图 3-21 双层优化算法结构

步骤 1 初始化运行方案执行，如图 3-22 所示。

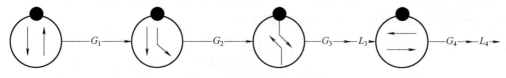

图 3-22 初始化运行方案

步骤 2 车道控制运行，在初始化运行方案结束位置插入车道控制插入全红相位，同时启动 J_S 判断，如图 3-23 所示。

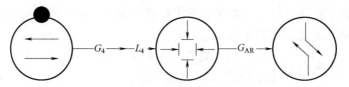

图 3-23 车道控制启动

如果 $J_S \geq 0$，则车道保持不变，进入相位控制；如果 $J_S < 0$，且连续 n 个 T_S 均有 $J_S < 0$，则车道控制启动，进入强化学习，根据指标在车道基因表达集合中选择一个动作，并在 G_{AR} 时间内完成调整，再进入到相位控制。其中，车道控制调整结束后，需要选择一个相位作为初始相位，初始相位的选择原则如下（此处暂不考虑场景特性，只考虑在普通交通流下的初始相位选择）：对车道调整后的相位交通需求进行计算，选取 $P_1 \rightarrow \max\left\{\dfrac{n_i}{L_i}\right\}$，交通流最大

的相位作为初始相位（此初始相位选择与车道控制插入全红相位之前的相位无关，原因是全红相位已经将交叉口冲突区域内的车辆清空，即交叉口进入一个新的状态，这样在自动驾驶状态下没有问题，未来可能会考虑引入驾驶人感受等再重新设计）。

【说明】 通行能力系数是与交叉口通行能力相关的约束之一。交通流平衡约束确保每股交通流（信号组）获得足够的绿灯时间。即，对于每股机动车交通流，其实际通行能力大于其平均流量。然而，必须选择某一信号方案，以便即使流量发生变化依然能够满足条件。流量变化包括多种情况，有些交通流流量会减小，有些会增大，有些会保持不变。为了使其切合实际，引入通行能力系数作为交叉口信号方案切换的依据。通行能力系数如下：

$$J_S = J_M - J_N \tag{3-31}$$

式中，J_S 为交叉口通行能力系数；J_M 为交叉口的通过率，即通过车辆数与总需求车辆数的比；J_N 为交叉口的阻塞率，即剩余排队车辆数与总需求车辆数的比。

$$\begin{cases} J_M = \dfrac{P_{\text{control}}}{P_{\text{control}} + \Delta n_{\text{queue}}} \\ J_N = \dfrac{\Delta n_{\text{queue}}}{P_{\text{control}} + \Delta n_{\text{queue}}} \end{cases}$$

约束条件 $\begin{cases} J_M \leq 1 \\ J_N \leq 1 \end{cases}$ \tag{3-32}

式中，$P_{\text{control}} = \sum_{o=1}^{n} S_{j,a} g_{j,a,o}(k)$ 为交叉口的通行能力；$\Delta n_{\text{queue}} = \sum_{o=1}^{n} \dfrac{\Delta n_{j,a,o}(k)}{n_{j,a}}$ 为交叉口总的剩余排队车辆数。

在给定输入流量时和控制步长时，当通行能力系数 $J_S < 0$ 时，表示交叉口通行能力不足，交叉口的车辆阻塞率会不断增加，当前控制方案下交叉口运行持续变差，如果不施加其他措施排队将溢出，即没有任何信号方案能够满足通行能力要求，此时认为交叉口通行能力非常差；当通行能力系数 $J_S = 0$ 时，表示交叉口通行能相当，但交叉口的车辆通过率和阻塞率保持不变，交叉口排队长度较为稳定，此时认为交叉口通行能力较好；当通行能力系数 $J_S > 0$ 时，表示交叉口通行能力充足，交叉口的车辆通过率不断增加，交叉口运行效果持续变好，交叉口排队长度逐渐减小，此时认为交叉口通行能力较好。

1. 基于强化学习的车道控制算法

（1）状态空间（State Space）

连续 n 个 T_S 有 $J_S < 0$ 时获取到的交叉口所有入口相位最大排队长度 $N(k) = \max\{n_i(k) \mid i = 1, 2, \cdots, m\}$ 的状态矩阵，将连续 n 个 T_S 的交叉口所有入口相位最大排队长度 $s_t = [N(k), N(k+1), \cdots, N(n)]$ 作为采样周期 k 内交叉口的状态。

（2）动作空间（Action Space）

将由交叉口所有入口路段车道基因表达集合作为动作空间，当观察到一个状态以后，必须从当前可选动作集合中选择一个动作，即在交叉口车道基因组集合中选择一组基因表达。选择动作的原则是，上一个状态时的基因组表达与当前选择的基因组表达后交叉口内冲突点的均方差较小，同时要以增加 J_S 判断相位的通行能力增大为方向。

(3) 奖励函数 (Reward Function)

奖励函数为

$$r = \begin{cases} 0 & |[J_S(k+1)]^2 - [J_S(k)]^2| < 0 \\ 1 & |[J_S(k+1)]^2 - [J_S(k)]^2| \geq 0 \end{cases}$$

基于强化学习的车道控制算法步骤见表 3-4。

表 3-4 基于强化学习的车道控制算法步骤

步骤	内　　容
1	初始化 Q 为任意值
2	检测当前交叉口排队状态 $N(k)$，作为初始状态 s
3	利用 Q 值经验，在状态 s 对应的可行车道基因组动作集中，依据策略选择一个动作 a
4	在控制的交通环境中，执行动作 a，并观察交叉口最大通行能力系数表示的奖励 r 和新的交叉口排队状态 s'
5	更新 Q 值，$Q(s,a) \leftarrow Q(s,a) + \alpha [r + \gamma \max_{a' \in A} Q(s',a') - Q(s,a)]$
6	将新的交叉口排队状态 s' 赋予 s
7	判断 n 个 T_S 有 $J_S < 0$
8	重复步骤 3 至步骤 6 直到 Q 值收敛

注：r 为交叉口通行能力系数构成的奖励；α 为学习率；γ 为折扣因子。

2. 基于模型预测控制思想的相位控制算法

基于模型预测控制思想的相位控制流程图，如图 3-24 所示。其将采样周期 k 内执行某相位时交叉口的流量和排队作为输入，在解空间中选择与当前执行相位相匹配的 n 个相位作为下一步执行相位的候选，再对每个候选相位选择其连续执行的 m 个相位作为控制链。构造 $J_{\min}$ 为目标函数，采用 GA 作为优化算法执行 n 个控制链，并对 n 个控制链的所得 J 进行排序，取得 J 最小的控制链的第一个相位作为当前相位的下一个执行相位，并将所得间隔时间、相位、绿灯时间作为输出。该算法步骤见表 3-5。

表 3-5 基于模型预测控制思想的相位控制算法步骤

步骤	内　　容
1	执行当前相位与绿灯时间，当进入 G_{lock}^i 时，输出当前交叉口各路段交通流量输入和排队状态
2	启动相位控制链预测，在所设置的相位控制链方案组中选择当前执行相位的相容控制链方案组，将步骤 1 中的交通流量和排队状态作为输入；以 $J_{\min}$ 为目标函数，并以 GA 为优化算法，分别执行相容相位控制链方案组中的所有方案；对执行后的控制链进行排名，输出排名第一的相容相位控制方案中第一个相位、绿灯时间和间隔时间。该过程采用异步多线程计算，计算时间为 G_{lock}^i
3	将步骤 2 计算得到的间隔时间、相位、绿灯时间输出到主进程中，待当前相位的 G_{lock}^i 结束后，执行计算得到的间隔时间、相位、绿灯时间

【说明】 对提出的基于模型预测控制思想的相位控制算法说明如下：

1) 首先提出控制链的概念，用以区别传统交叉口控制中的周期。即，研究的交叉口控

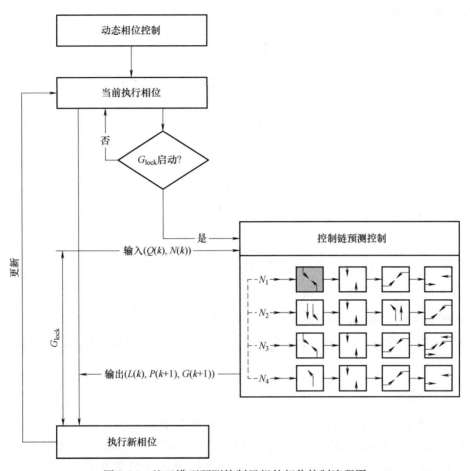

图 3-24 基于模型预测控制思想的相位控制流程图

制不以周期作为基础，传统的两个约束 $\begin{cases} \sum_{i=1}^{n} G_i = C-L \\ C_{\min} \leqslant C_i \leqslant C_{\max} \end{cases}$ 在这里中不成立。

控制链描述交叉口控制的动态行为，由相位、相位绿灯时间和相位间隔时间组成，其中有约束 $\begin{cases} G_{\min} \leqslant G_i \leqslant G_{\max} \\ L_i \geqslant 0 \end{cases}$。相位表述控制链元素，相位绿灯时间与相位间隔时间表示控制链元素长度，如图 3-25 所示。

图 3-25 交叉口控制链

2）由于该模型不具有周期特性，且考虑到交叉口控制中时间为调控变量的特殊性，故控制步长不易确定，为此设计决策步长。决策步长由决策点和决策时间组成，用 $T_d = P^i \rightarrow$

G_{lock}^i 表示，如图 3-26 所示。

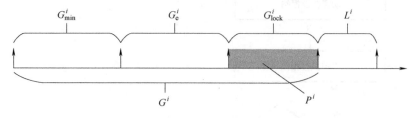

图 3-26 决策步长

有 $G^i = G_{\text{min}}^i + G_{\text{e}}^i + G_{\text{lock}}^i$

约束条件 $\begin{cases} G_{\text{min}}^i > 0, G_{\text{e}}^i \geq 0, G_{\text{lock}}^i \geq 0 \\ G_{\text{min}}^i \leq G^i \leq G_{\text{max}}^i \end{cases}$ (3-33)

① 如果 $G^i = G_{\text{min}}^i$，则 $G_{\text{lock}}^i = 0$，$G_{\text{e}}^i = 0$，有 $T_d = P^i \to \overline{G_{\text{lock}}^i} = G_{\text{min}}^i$。

② 如果 $G_{\text{min}}^i < G^i < G_{\text{min}}^i + G_{\text{lock}}^i$，则 $G_{\text{lock}}^i > 0$，$G_{\text{e}}^i = 0$，有 $T_d = P^i \to \overline{G_{\text{lock}}^i} = G^i - (G_{\text{min}}^i - G_{\text{lock}}^i)$。

③ 如果 $G^i \geq G_{\text{min}}^i + G_{\text{lock}}^i$，则 $G_{\text{lock}}^i > 0$，$G_{\text{e}}^i > 0$，有 $T_d = P^i \to \overline{G_{\text{lock}}^i} = G_{\text{lock}}^i$。

注意，一般取 $G_{\text{lock}}^i = 5s$，该时长能够满足计算和决策的时间长度要求，即满足算力限值和决策实效性。

3.3.4 仿真验证

为了验证基于时空资源动态分配模型的双层优化制算法的有效性，利用开放仿真平台（Open Simulation Platform，OSP）将其与定时控制进行仿真对比实验。所选的仿真数据采用山东省潍坊市胜利东街与四平路交叉口为基础进行设计（见图 3-27）。每次仿真时间为 36000s，进行 10 次仿真并取平均值。评价参数选择交叉口总行程时间和总排队长度，数据采样间隔为 600s。

1. 仿真参数设置

仿真的基本参数见表 3-6。

表 3-6 仿真基本参数

参数类型	具体内容
道路	交叉口连接路段长度为 470~490m；路段采用双向 4 车道，路口入口 30m 处设置渠化，初始渠化均为左转、直行，初始转向比例为 3:7；车道宽度为 3.5m
车辆	车速分布为 [20km/h, 60km/h]，车型比例为 3:100（大型车:小型车）
信号灯	路口采用 4 阶段信号灯控制，阶段 1 为南北直行，阶段 2 为南北左转，阶段 3.3 为东西直行，阶段 3.4 为东西左转
输入流量	初始时，阶段 1 为 1000 辆/h，阶段 2 为 500 辆/h，阶段 3.3 为 1000 辆/h，阶段 3.4 为 500 辆/h。每隔 3600s 令各阶段流量乘以变化系数 x，$0.5 < x < 2$
采集数据	数据采集路段编号、车道编号、全路段密度、流量、车速，采样间隔为 900s，仿真时间 36000s

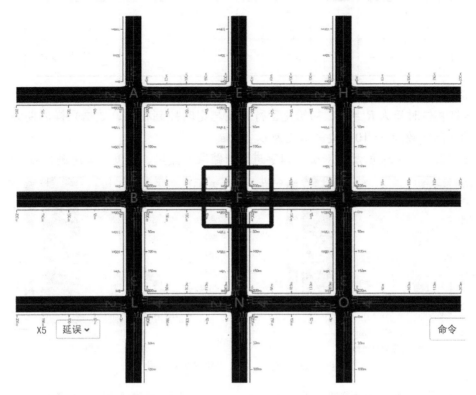

图 3-27 交叉口仿真实例

2. 仿真结果分析

下面对给定交通流量的交叉口交通控制进行优化,利用不同输入流量,来模拟交叉口的欠饱和与过饱和需求。将采用定时控制算法与提出的基于时空资源动态分配模型的双层优化控制算法进行对比,其中交叉口定时控制离线计算得到。首先,设置定时控制和本节提出的控制算法的基础参数。

基于时空资源动态分配模型的双层优化算法参数如下:

- 车道基因组为 $A=[a_1,a_2,\cdots,a_9]$,有

$a_1 = \{(1,0,0)\ (0,1,0)\ (1,0,0)\ (0,1,0)\ (1,0,0)\ (0,1,0)\ (1,0,0)\ (0,1,0)\}$
$a_2 = \{(0,1,0)\ (0,1,0)\ (1,0,0)\ (0,1,0)\ (1,0,0)\ (0,1,0)\ (1,0,0)\ (0,1,0)\}$
$a_3 = \{(0,1,0)\ (0,1,0)\ (1,0,0)\ (0,1,0)\ (0,1,0)\ (0,1,0)\ (1,0,0)\ (0,1,0)\}$
$a_4 = \{(1,0,0)\ (0,1,0)\ (1,0,0)\ (0,1,0)\ (0,1,0)\ (0,1,0)\ (1,0,0)\ (0,1,0)\}$
$a_5 = \{(1,0,0)\ (0,1,0)\ (0,1,0)\ (0,1,0)\ (1,0,0)\ (0,1,0)\ (0,1,0)\ (0,1,0)\}$
$a_6 = \{(1,0,0)\ (0,1,0)\ (1,0,0)\ (0,1,0)\ (1,0,0)\ (0,1,0)\ (0,1,0)\ (0,1,0)\}$
$a_7 = \{(1,0,0)\ (0,1,0)\ (0,1,0)\ (0,1,0)\ (1,0,0)\ (0,1,0)\ (0,1,0)\ (0,1,0)\}$
$a_8 = \{(1,0,0)\ (1,0,0)\ (1,0,0)\ (0,1,0)\ (1,0,0)\ (1,0,0)\ (1,0,0)\ (0,1,0)\}$
$a_9 = \{(1,0,0)\ (0,1,0)\ (1,0,0)\ (1,0,0)\ (1,0,0)\ (0,1,0)\ (1,0,0)\ (1,0,0)\}$

- 每种车道基因组对应的相位集合为

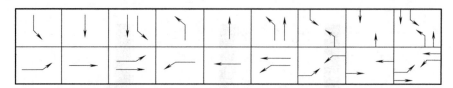

- 相位间隔时间范围为 $0 \leq L(k) \leq 5s$；相位绿灯时间范围为 $10s \leq G(k) \leq 50s$；车道控制插入全红相位时间为 $R_a = 5s$；初始化运行方案与定时控制相同；数据采样周期为 $T_S = 3s$；J_S 的连续判断次数为 $n = 10$；决策步长为 $G_{lock}^i = 5s$。

如图 3-28~图 3-30 所示，对交叉口字进出口路段的流量、密度和车速进行对比分析。

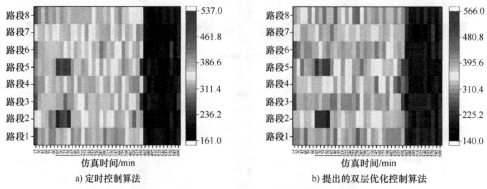

图 3-28 交叉口各入口路段流量变化

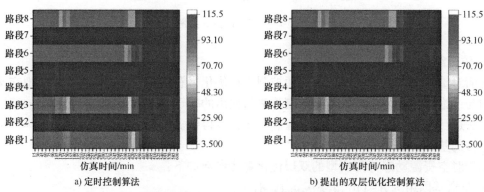

图 3-29 交叉口各入口路段密度变化

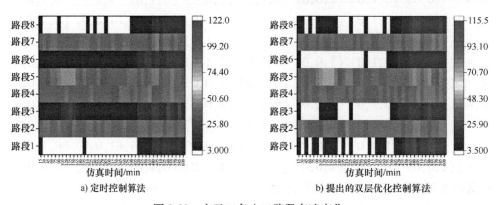

图 3-30 交叉口各入口路段车速变化

图 3-28~图 3-30 中,路段 1、路段 3、路段 6 和路段 8 为交叉口进口路段,路段 2、路段 4、路段 5 和路段 7 为交叉口出口路段。如图 3-28 所示,仿真开始时入口路段流量较大,出口路段流量较小,随着仿真时间和输入流量的变化,定时控制和提出的双层优化控制使得交叉口输入和输出流量具有相似趋势,但观察发现在本节的控制方法作用下路段 1 和路段 8 的流量变化较定时控制变化更大。如图 3-29 所示,仿真开始时入口路段密度较大,出口路段密度较小,随着仿真时间和输入流量的变化,定时控制和提出的双层优化控制使得交叉口进口路段的密度具有相似趋势,但观察发现在双层优化控制方法作用下路段 3 和路段 6 的密度变化较定时控制变化更大。如图 3-30 所示,仿真过程中交叉口的入口路段和出口路段的车速均较小,定时控制和提出的双层优化控制使得出口路段车速变化趋势较为相同,而观察发现在双层优化控制方法作用下进口路段 3 和路段 6 的车速高于定时控制的车速。综上所述,交叉口进出口流量、密度和车速的变化符合交通流变化规律,且采用提出的双层优化控制时交叉口交通流参数更优。

图 3-31a 和 b 分别给出了交叉口通过车辆的总行程时间对比和平均排队长度对比。结合图 3-31a 和图 3-29 所示,采用提出的双层优化控制时,交叉口通过车辆的总行程时间低于定时控制时交叉口通过车辆的总行程时间,因为双层优化控制下的交叉口进出口路段的平均车速更高;由图 3-31b 所示可知,采用双层优化控制时,交叉口的平均排队长度低于定时控制时交叉口的平均排队长度。由此,可以认为提出的双层优化控制较定时控制具有更好的控制效果。但是,如图 3-31b 所示,仿真时间为 8000s 时定时控制下交叉口平均排队长度低于提出的双层优化控制的长度,这是由于交叉口输入流量变化较大导致采用提出的双层优化控制算法调整时交通流需要一定的适应时间。

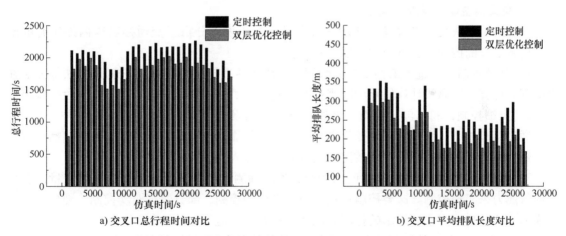

图 3-31 定时控制与提出的双层优化控制的效果对比

本节在车路协同技术的背景下,将道路作为管控措施的主体,提出了一种面向未来城市交叉口的时空资源调度模型构建方法和双层优化控制算法;给出了一个详细的时空资源建模过程,设计了空间变量和时间变量,增加了模型变量的维度并扩展了控制能力;之后,设计了一种上层为基于强化学习的车道控制和下层为基于模型预测控制思想的相位控制的双层优化控制方法,并利用仿真数据进行了综合实验;结果表明,该方法在控制的效果和控制的灵活度上均优于传统的交通控制方法。此外,时空资源调度模型的潜力还体现在交叉口更复杂的混合交通流的控制上，如紧急车辆、公交优先等。然而，其仍然有以下两个不足之处：

1) 暂时没有考虑车道变化对驾驶人的驾驶行为的影响。

2) 所设计的车道控制和相位控制的链状连接均采用人工经验的方法，这是由于遍历所有解空间中的组合所需要的计算成本太高且无需遍历所有组合。

下面，将对上述两个问题进行详细研究，并尝试将该方法推广到区域交通控制等范围。

3.4 场景驱动的交叉口主动控制

将交叉口和连接路段作为整体统一建模，如何采用主动控制思想进行交叉口控制是亟待解决的问题。考虑到交叉口主动控制研究的必要性，以及车路协同、物联网等技术的发展将会有力支撑控制策略的执行，可以交通时空资源为基础，将交叉口与连接路段作为整体建立交叉口主动交通控制模型，模型由速度控制模型和道路时空资源动态分配模型构成。设计多变量综合优化控制算法。其中，第一部分的双层优化采用边界控制思想，将速度控制与动态相序控制相结合；第二部分的双层优化采用前面研究的车道控制与动态相序控制相结合来实现。之后，利用本书第2章方法对交叉口的交通场景进行辨识，并针对不同场景设计目标函数，以驱动交叉口的控制。并且，还考虑到主动交通控制模型应具有一般适用性且应避免出现传统交通控制模型在实际应用时经常发生的模型失配问题，提出模型退化概念，并给出了导致退化的条件和结果。最后，通过设计仿真实验来验证该方法的合理性和有效性。

3.4.1 交叉口主动交通控制框架

1. 交叉口主动交通控制描述

本书第1章从交叉口常发拥堵的三种典型场景出发，分析了交通控制国内外研究的现状。现有研究的控制方法可归纳为以下几类：

1) 开环控制，通过人工调查交通数据，利用包括韦伯斯特（Webster）配时法等方法在内的配时计算方法离线计算信号配时来进行控制。这类控制包括定时控制、多时段控制等。

2) 反馈控制，利用包括线圈、地磁、视频等检测器实时检测一定范围内的交通流变化，通过调整相序、绿灯时间等变量来改变相位通行能力来实现控制。这类控制包括感应控制、部分基于模型的控制、部分数据驱动控制、部分人工智能控制等。

3) 前馈控制，利用对未来时间内的交通流的预测，以提前计算绿灯时间等变量改变相位通行能力来实现控制。这类控制包括部分模型预测控制、部分数据驱动控制、部分人工智能模型、一些描述为主动控制的控制方法和一些利用车速引导的控制。

4) 将车速引导与控制相结合，如基于车路协同的车速引导控制等。

5) 时空资源协同控制，根据交通流特点，通过改变特点车道属性实现的控制策略，包括潮汐车道控制、借道左转控制等。

6) 控制与交叉口设计相结合，如在交叉口停车线附近的车道或冲突区域实施车道展宽、待行区设计。

虽然上述传统交通控制策略在解决交叉口常发拥堵的三类典型场景具有一定的效果，但是也存在以下问题：

1) 一些控制策略以交叉口渠化或路网规划等合理为前提，但一旦实际应用的交叉口渠化或路网规划存在不合理的情况时,这类控制策略的适用性和有效性将大大降低。

2) 传统交通控制归根结底是以被动的方式来适应交通流的,虽然研究中也有描述为主动控制[上述4)]或时空资源协同控制[上述5)和6)],但大多还是通过绿灯时间的改变来影响交通流(部分通过车道的变化,也只考虑了具有明显特征的潮汐等现象),而并未真正对交通流的形成和分配起到主动调控作用。

3) 传统交通控制大多只能对单一车种或两车种混合交通流进行控制,所利用的控制变量较少,难以满足对多车种混合交通流的控制要求。

综上所述,从传统交通控制存在的问题出发,考虑到道路交通的"时间线上'车占用物理空间'这一'实体资源问题'"从未改变的本质情况,城市道路交通控制归根结底是一个对道路时空资源分配的控制问题。为此,本节以时空资源为基础,将交叉口和连接路段作为整体统一建模,给出交叉口主动控制的描述——能够从时间和空间两个维度上影响交通流从形成到通过交叉口全过程的控制称为主动控制。由此,可以将基于传统交通控制理论的控制方法归类为被动控制,这是因为一部分控制方法只能从时间或空间上影响交通流的通过,而另外一部分也只能影响交通流的形成。而本节所提的控制方法归类为主动控制,原因如下:首先,它将交叉口和连接路段作为整体统一进行考虑;其次,在建立控制模型时扩展了控制变量规模,将路段车速、交叉口车道都描述为动态变量,这样通过对路段进行车速控制可影响交通流的形成,通过对交叉口的车道控制实现重塑车道、改变路网形态从而能影响交通流的通过,如图3-32所示。而本章研究的交叉口道路时空资源动态分配不能归类为主动控制,或者只能称之为主动控制的一种退化或特殊形式,因为其不能影响交通流的形成,即没有进行路段交通流的控制。

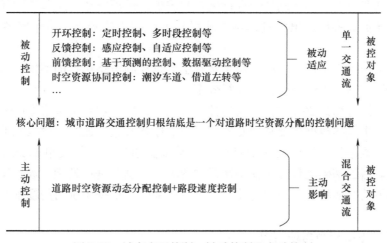

图3-32 城市交通控制:被动控制和主动控制

2. 交叉口主动交通控制框架

(1) 交叉口主动控制架构

场景驱动的交叉口主动交通控制框架如图3-33所示,分为四层结构,自下而上分别为物理层、需求层、场景层和服务层,根据每层的功能设计各层的具体形式。

感知器位于物理层,用于采集交通相关的原始采样数据,并进行数据预处理和传输。

生成器位于需求层,由离散状态编码器和需求信息生成器组成,是交通需求信息集合抽

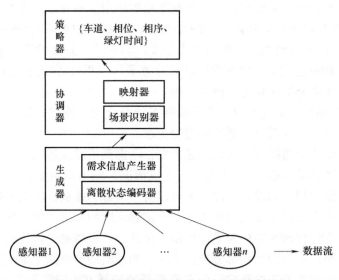

图 3-33 场景驱动的交叉口主动交通控制框架

象的实体。经过预处理的原始采样数据并无具体实用性，由离散状态编码器转换后生成具有交通背景信息的数据——车速、车道、位置、加速度等，将此数据送至需求信息生成器可生产实际交通需求信息，并保存至需求信息集合中作为基础场景供协调器融合场景使用。

协调器是场景驱动架构的核心，位于场景层，由场景识别器和映射器组成，负责将生成器提供的基础场景进行融合得到交通场景集合，并将其映射到策略器中相匹配的控制策略参数上。场景识别器对下层的基础场景进行融合和辨识，辨识方法采用基于图像关键内容分析的方法。映射器负责将识别出的具体场景映射到上层的策略器上，由策略器具体输出控制参数。

策略器是主动控制架构的核心，位于服务层，是控制策略执行的实体，通过对时空资源变量的调度保证控制节点的安全性和通行效率。

在上述架构执行场景驱动的主动交通控制过程中，感知器负责采集原始采样数据并进行一定的预处理；生成器根据需要从感知器那里获取原始数据，通过离散状态编码后得到包含交通背景信息的数据，再经由需求信息产生出基础交通需求并封装组成交通场景的基础场景；生成器封装后的基础场景被送往协调器中的场景识别器进行处理，场景识别器通过融合和辨识得到具体的交通场景。当映射器发现场景改变时，根据识别出的场景调用策略器中的控制参数。

（2）交叉口主动控制物理结构

由于交叉口主动交通控制为时空强资源，将车道、车速都作为控制变量，因此在实际运行时对系统的物理结构提供了较高要求。从车辆的智能程度角度出发，可以将物理结构分为两类：①对于以驾驶人驾驶为主，车辆不具备智能的情况下，可采用图 3-34 所示的结合 VMS、可变车道灯、可变道路渠化等为一体的多级引导方式，以使得驾驶人能够充分获知控制信息。②对于未来车路协同环境或自动驾驶环境，车辆具备一定程度智能的情况下，控制信息可实时传输至车辆，实现由驾驶人或车辆对全路径信息的获取，如图 3-35 所示。需要强调的是，对于第一类，驾驶人收到控制信息时，会在换道等动作时产生短时间的交织混乱问题，为避免过于复杂的讨论，本章对这类问题暂不考虑或假设这种情况可以通过有效的信息提示予以消除。

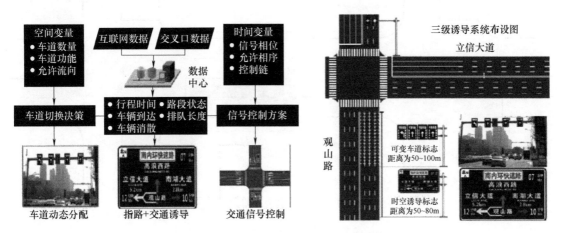

图3-34　第一类主动交通控制物理结构

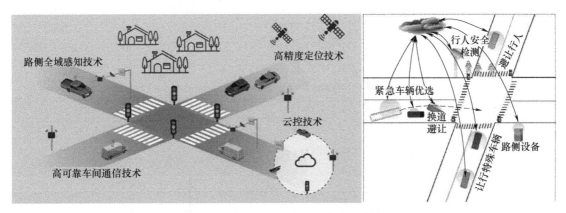

图3-35　第二类主动交通控制物理结构

3.4.2　交叉口主动交通控制模型

交叉口主动交通控制模型由速度控制模型和时空资源动态分配模型组成。为了设计该模型，将路段 j 分为控速区和控道区两部分，控道区的路段长度为 $L_{j,a}$，控速区的路段长度为 $L_{j,b}$，如图3-36所示。

为保证研究的合理性和有效性，控道区和控速区的划分及路段长度满足下述要求。

1. 基于二流理论的控道区和控速区的划分

路段作为城市道路交通网络的基本组成元素，承担着车辆的输送和交叉路口的连接，具有重要的作用。因此，建模一类典型的城市道路路段，根据交通流 $q \rightarrow \rho$ 基本图可知，当路段密度取得最佳时，流量达到最大值，以此为界，交通流可被分为非拥挤流和拥挤流两种状态，即二流理论[11]，如图3-37所示。

根据二流理论建模的单车道路段如下：

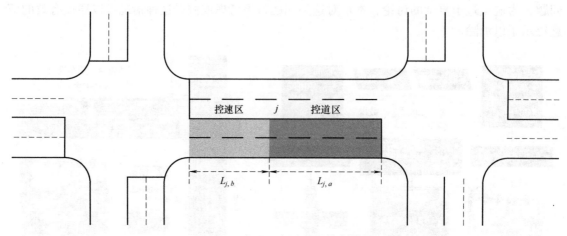

图 3-36　交叉口主动交通控制模型

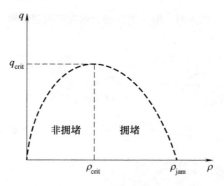

a) $q \rightarrow \rho$ 基本图

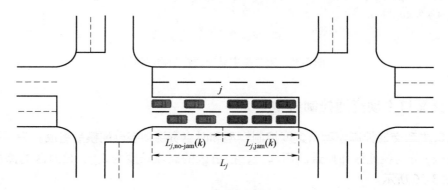

b) 二流理论示意图

图 3-37　二流理论

$$\begin{cases} n_{j,\text{init}} + q_{j,\text{in}}(k) = q_{j,\text{out}}(k) + n_j(k) \\ n_j(k) = \rho_{\text{jam}} L_{j,\text{jam}}(k) + \rho_{\text{crit}}(L_j - L_{j,\text{jam}}(k)) \end{cases} \quad (3\text{-}34)$$

得

$$L_{j,\text{jam}}(k) = \frac{n_j(k) + q_{j,\text{in}}(k) - q_{j,\text{out}}(k) - \rho_{\text{crit}} L_j}{(\rho_{\text{jam}} - \rho_{\text{crit}})} \quad (3\text{-}35)$$

考虑到城市道路的多路段特性，顾扩展式（3-35），得到多车道路段平均当量排队长度模型：

$$L_{j,\text{jam}}(k) = \frac{n_j(k) + q_{j,\text{in}}(k) - q_{j,\text{out}}(k) - \rho_{\text{crit}} L_j \lambda_j}{\lambda_j (\rho_{\text{jam}} - \rho_{\text{crit}})} \tag{3-36}$$

由式（3-36）可将路段 j 分为拥挤流区域和非拥挤流区域，拥挤流区域的路段长度为 $L_{j,\text{jam}}(k)$，非拥挤流路段长度为 $L_{j,\text{no-jam}}(k) = L_j - L_{j,\text{jam}}(k)$。为了统一建模过程的描述，在构建时空资源动态分配模型时将路段 j 分为控道区和控速区。这里，令控道区长度为 $L_{j,a} = L_{j,\text{jam}}(k)$，控速区长度为 $L_{j,b} = L_{j,\text{no-jam}}(k)$。并且，考虑到宏观交通流具有的规律性，令控道区长度为 $L_{j,a} = \overline{L_{j,\text{jam}}}$，控速区长度为 $L_{j,b} = \overline{L_{j,\text{no-jam}}}$，两区路段长度的划分不随交通流变化而变化。

2. 控道区和控速区的路段长度满足给定要求

为了保证控道区和控速区能够较好地实施相应控制，并且保证车辆通行安全和效率，对控道区路段长度 $L_{j,a}$ 和控速区路段长度 $L_{j,b}$ 给定如下要求：

$$\begin{cases} L_{j,a} \geq L_{j,a,\min} \\ L_{j,b} \geq L_{j,b,\min} \\ L_j = L_{j,a} + L_{j,b} \end{cases} \tag{3-37}$$

其中：

1) $L_{j,a,\min} = \overline{L_{j,\text{jam}}} + \ell$。$\ell$ 为调整值。根据经验或历史数据的平均排队长度可以得到 $L_{j,a,\min}$，一般取值为 150~200m。

2) $L_{j,b,\min} = \left| \dfrac{1}{2\psi_{j,b}} (v_{j,b,\text{free}}^2 - v_{j,b,\text{vsl,min}}^2) \right|$。

【说明】

A. 道路设计速度，主干路为 60km/h、50km/h、40km/h，次干路为 50km/h、40km/h、30km/h，可以得到 $v_{j,b,\text{free}}$ 的值。

B. 采用城市主干路上机动车的平均行程速度对城市道路交通的拥挤状况按如下标准界定：

a. 畅通，城市主干路上机动车的平均行程速度不低于 30km/h。

b. 轻度拥挤，城市主干路上机动车的平均行程速度低于 30km/h，但高于 20km/h。

c. 拥挤，城市主干路上机动车的平均行程速度低于 20km/h，但高于 10km/h。

d. 严重拥挤（拥堵），城市主干路上机动车的平均行程速度低于 10km/h。

考虑到交通流运行的安全和效率，只选择上述 A 和 B 作为选取 $v_{j,b,\text{vsl,min}}$ 的依据，由此可知 $v_{j,b,\text{vsl,min}} \geq 20\text{km/h}$。

C. 根据本章参考文献 [12]，路段行驶车辆的减速度值主要分布为 [-2, 0]，如图 3-38 所示。这里采用平均值法取得减速度 $\psi_{j,b}$ 的值，即 $\psi_{j,b} = -1.5\text{m/s}$。

综上所述，得到控道区和控速区的路段长度的约束。

3. 动态速度控制模型

为了进行城市道路路段交通流运行状态离散化和速度控制的研究，需对基本路段交通流运行情况进行描述[13]。如图 3-39 所示，以路段 j, b 为例，$q_{j,b,\text{in}}(k)$ 为 k 时段内路段 j, b 的输入流量，$q_{j,b,\text{out}}(k)$ 为 k 时段内路段 j, b 的输出流量，$v_{j,b}(k)$ 为 k 时段内路段 j, b 的交通

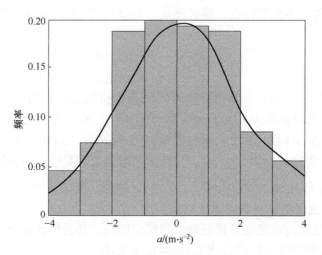

图 3-38 加速度频率分布

流平均速度，$\rho_{j,b}(k)$ 为 k 时段内路段 j,b 的交通流密度，$L_{j,b}$ 为路段 j,b 的长度。其中，T 为离散时间间隔；k 为时间间隔步数，$k=0,1,\cdots,k_p$；t 为采样时刻，$t=kT$。路段 j,b 中流出交通流量等于密度、平均速度及车道数 $\lambda_{j,b}$ 的乘积，即

$$q_{j,b,\text{out}}(k) = \rho_{j,b}(k) v_{j,b}(k) \lambda_{j,b} \tag{3-38}$$

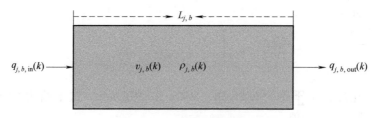

图 3-39 速度控制模型

路段 j,b 的当前交通流密度等于前一时间间隔内路段 j,b 的交通流密度与路段 j,b 的交通流密度变化量的和，即

$$\rho_{j,b}(k+1) = \rho_{j,b}(k) + \frac{T}{L_{j,b}\lambda_{j,b}}[q_{j,b,\text{in}}(k) - q_{j,b,\text{out}}(k)] \tag{3-39}$$

根据式（3-38）和式（3-39）对路段 j,b 的交通流物理特性的描述，构建路段 j,b 的动态速度同交通流密度及期望速度关系描述模型。模型中第 $k+1$ 采样间隔内动态速度值等于 k 采样间隔中车辆平均速度与驾驶人期望速度 $V[\rho_{j,b}(k)]$ 的差，那么有

$$v_{j,b}(k+1) = v_{j,b}(k) + \frac{T}{\tau}\{V[\rho_{j,b}(k)] - v_{j,b}(k)\} \tag{3-40}$$

式中，τ 为模型参数。期望速度为

$$V[\rho_{j,b}(k)] = v_{j,b,\text{free}} \exp\left[-\frac{1}{\alpha_{j,b}}\left(\frac{\rho_{j,b}(k)}{\rho_{j,b,\text{crit}}}\right)^{\alpha_{j,b}}\right] \tag{3-41}$$

式中，$v_{j,b,\text{free}}$ 为路段 j,b 的自由流速度；$\alpha_{j,b}$ 为模型参数；$\rho_{j,b,\text{crit}}$ 为路段 j,b 的临界密度。

上述模型中引入速度-密度关系式（3-41）作为动态速度式（3-40）的输入模型。

式（3-41）不能完全实现对限速条件下交通流运行状态的描述。当交通流处于拥挤状态时，车辆加减速频繁，交通流运行不稳定，但由其计算得到交通流速度平缓下滑，不能真实地描述限速条件下交通流运行情况。因此，需要根据限速条件下交通流状态变化情况对式（3-41）进行修正。当路段控速区交通状态处于自由流状态时，驾驶人的期望速度高于可变限速值，但由于可变限速值的作用，驾驶人将遵守可变限速值来驾驶车辆；随着路段控速区交通状态的逐渐恶化，驾驶人不能根据自身的实际期望选取驾驶速度，为了获得的旅行收益，驾驶人将遵从可变限速值通行；而当路段控速区的交通状态进一步恶化，路段控速区的交通流密度较大，车辆之间动态间距无法满足驾驶行为的随性改变时，此时可变限速控制处于无效的控制状态，路段控速区交通自组织缓慢运行[14]。因此，可取驾驶人经验期望速度与限速条件下期望速度最小值作为限速条件下速度-密度关系式[15]，有

$$V[\rho_{j,b}(k)] = \min\left\{v_{j,b,\text{free}}\exp\left[-\frac{1}{\alpha_{j,b}}\left(\frac{\rho_{j,b}(k)}{\rho_{j,b,\text{crit}}}\right)^{\alpha_{j,b}}\right],\right.$$

$$\left.\eta_{j,b}V_{j,b,\text{vsl}}(k)+(1-\eta_{j,b})v_{j,b,\text{free}}\exp\left[-\frac{1}{\alpha_{j,b}}\left(\frac{\rho_{j,b}(k)}{\rho_{j,b,\text{crit}}}\right)^{\alpha_{j,b}}\right]\right\} \quad (3\text{-}42)$$

式中，$V_{j,b,\text{vsl}}(k)$ 为限速值；$\eta_{j,b}$ 为驾驶人对路段可变限速值的遵从率。在模型实际应用过程中，驾驶人对路段可变限速值的遵从情况收到较多因素影响。$\eta_{j,b}=1$，表明驾驶人对路段可变限速值的遵从率为100%；$\eta_{j,b}=0$，表明驾驶人对路段可变限速值的遵从率为0，即驾驶人均不遵从限速；$0<\eta_{j,b}<1$，表明部分驾驶人遵从可变限速控制。

由式（3-40）和式（3-42）得

$$\begin{cases}v_{j,b}(k+1)=v_{j,b}(k)+\dfrac{T}{\tau}\{V[\rho_{j,b}(k)]-v_{j,b}(k)\}\\ V[\rho_{j,b}(k)]=\min\left\{v_{j,b,\text{free}}\exp\left[-\dfrac{1}{\alpha_{j,b}}\left(\dfrac{\rho_{j,b}(k)}{\rho_{j,b,\text{crit}}}\right)^{\alpha_{j,b}}\right],\right.\\ \left.\eta_{j,b}V_{j,b,\text{vsl}}(k)+(1-\eta_{j,b})v_{j,b,\text{free}}\exp\left[-\dfrac{1}{\alpha_{j,b}}\left(\dfrac{\rho_{j,b}(k)}{\rho_{j,b,\text{crit}}}\right)^{\alpha_{j,b}}\right]\right\}\end{cases} \quad (3\text{-}43)$$

式中，$V_{j,b,\text{vsl}}(k)$ 为控制变量。

【说明】 根据本章参考文献[16]讨论的路段通行能力在交通流变化过程中存在通行能力陡降现象，描述为交通拥挤的开端是自由流中车辆速度和道路通行能力的急剧下降。这种现象通常发生在交通瓶颈处，称为通行能力陡降现象或交通崩塌现象（Breakdown Phenomenon），如图3-40所示。

1）通行能力陡降现象在瓶颈处可以自发产生，也可以诱发产生，因此分为自发式通行能力陡降现象和诱发式通行能力陡降现象。

2）在给定时间段内，自发通行能力陡降现象的发生概率是道路流量的增函数。

3）通行能力陡降现象及其逆相变在流量密度图上形成迟滞现象。

同时，在本章参考文献[17]中Kerner和Konhauser发现基本图存在四个临界密度，如图3-41所示。当$\rho<\rho_{c1}$ 和$\rho>\rho_{c4}$时，交通流处于稳定状态；当$\rho_{c2}<\rho<\rho_{c3}$时，交通流处于不稳定状态；当$\rho_{c1}<\rho<\rho_{c2}$ 和$\rho_{c3}<\rho<\rho_{c4}$时，交通流处于亚稳定状态；密度ρ_{c2}可以位于最大流量对应密度的左方或右方。这里将其推广至城市主干路及以下道路上，假设存在相同的现象。

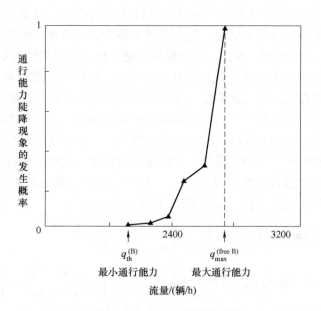

图 3-40 通行能力陡降

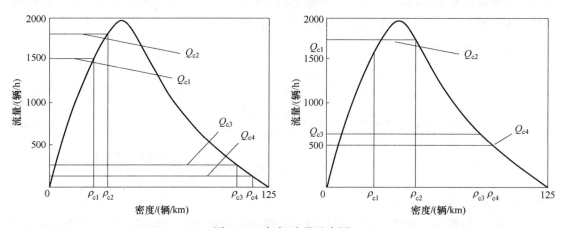

图 3-41 密度-流量基本图

由于，在研究路段 j,b 的动态限速控制 $V_{j,b,\mathrm{vsl}}(k)$ 时，需要考虑令路段 j,b 的密度 $\rho_{j,b}(k)$ 落入交通流的稳定区域和亚稳定区域的密度范围内，即

$$\begin{aligned}&\rho_{j,b}(k)<\rho_{j,b,\mathrm{c1}}\\&\text{或 }\rho_{j,b}(k)>\rho_{j,b,\mathrm{c4}}\\&\text{或 }\rho_{j,b,\mathrm{c1}}<\rho_{j,b}(k)<\rho_{j,b,\mathrm{c2}}\\&\text{或 }\rho_{j,b,\mathrm{c3}}<\rho_{j,b}(k)<\rho_{j,b,\mathrm{c4}}\end{aligned} \quad (3\text{-}44)$$

不能选择 $\rho_{\mathrm{c2}}<\rho<\rho_{\mathrm{crit}}$（最佳密度），是因为在该段范围内，可能出现通行能力陡降现象。

4. 交叉口主动控制模型

通过组合动态速度控制模型和时空资源动态分配模型，建立交叉口主动交通控制模型，如图 3-42 所示。

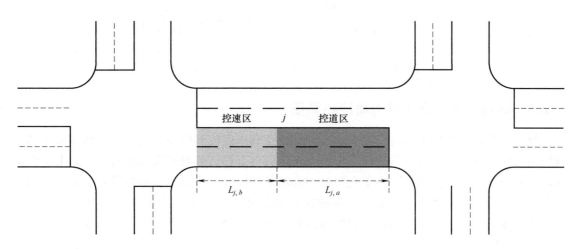

图 3-42　交叉口主动交通控制模型

首先，先建立交叉口主动交通控制模型的存储转发形式：

$$\begin{cases} q_{j,b,\text{out}}(k) = q_{j,b,\text{in}}(k) - L_{j,b}\rho_{j,b}(k) \\ n_{j,a}(k+1) = n_{j,a}(k) + q_{j,a,\text{in}}(k) - q_{j,a,\text{out}}(k) \end{cases} \tag{3-45}$$

设 $q_{j,b,\text{out}}(k) = q_{j,a,\text{in}}(k)$，则式可变形为

$$n_{j,a}(k+1) = n_{j,a}(k) + q_{j,b,\text{in}}(k) - L_{j,b}\rho_{j,b}(k) - q_{j,a,\text{out}}(k) \tag{3-46}$$

引入式（3-43）和式（3-25），可得到交叉口主动交通控制模型的完整形式：

$$n_{j,a}(k+1) = n_{j,a}(k) - V(k) - G(k) \tag{3-47}$$

令

$$\begin{cases} V(k) = L_{j,b}\rho_{j,b}(k) \\ G(k) = q_{j,a,\text{in}}(k) - \sum_{o=0}^{\min\{n_{j,a}(k), n_{j,a}^{Xx}(k)\}} \varpi_{j,a,o}(k) S_{j,a} g_{j,a,o}(k) \end{cases} \tag{3-48}$$

这里引入格林伯速度-密度公式 $v(k) = v_{\text{crit}} \ln\left(\dfrac{\rho_{\text{jam}}}{\rho(k)}\right)$，并带入 $V(k)$，得到 $V(k) = L_{j,b}\exp\left[-\dfrac{v_{j,b}(k)}{v_{j,b,\text{crit}}}\right]$。将其带入式（3-48），得到

$$\begin{cases} V(k) = L_{j,b}\exp\left[-\dfrac{v_{j,b}(k)}{v_{j,b,\text{crit}}}\right] \\ G(k) = q_{j,a,\text{in}}(k) - \sum_{o=0}^{\min\{n_{j,a}(k), n_{j,a}^{Xx}(k)\}} \varpi_{j,a,o}(k) S_{j,a} g_{j,a,o}(k) \end{cases} \tag{3-49}$$

【说明】　格林伯发现这种模型和交通流拥堵情况的现场数据很吻合，但是当交通密度小时，这一模型就不适用了。这是因为，如果 $k(t) \to 0$，那么速度趋于无穷大。这时可以考虑在交通密度小时，引入安德伍德指数-密度关系公式。该公式是针对小的交通密度论证得到的，适用于较小密度交通条件，但体现不出密度很大时速度为 0 这一特性，因此不适用于

高密度的情况。为此，可以将 $V(k)$ 进行扩展，如下：

$$V(k) = \begin{cases} L_{j,b}\exp\left[-\dfrac{v_{j,b}(k)}{v_{j,b,\text{crit}}}\right], & \text{当 } v(k) = v_{\text{crit}}\ln\left(\dfrac{\rho_{\text{jam}}}{\rho(k)}\right) \\ L_{j,b}\rho_{j,b,\text{crit}}\ln\left[-\dfrac{v_{j,b}(k)}{v_{j,b,\text{free}}}\right], & \text{当 } v(k) = v_{\text{free}}\exp\left[-\dfrac{\rho(k)}{\rho_{\text{crit}}}\right] \end{cases}$$

3.4.3 场景驱动的交叉口主动控制算法

交叉口主动控制模型由时空资源动态分配模型和速度控制模型组成，其中涉及的控制变量包括相位、相序、绿灯时间、路段车速和车道属性五种，且根据前面的研究可知上述变量的调控频率不尽相同。同时，由于交叉口混合场景的特性，所以不同场景需要不同的控制目标和输出不同的控制参数。为此，这里提出的场景驱动的交叉口主动交通控制算法的核心是，通过场景辨识识别不同场景，利用构建的目标函数集合与之匹配，并采用综合控制策略实施控制。

图3-43所示为交叉口主动交通控制框架。首先，通过场景辨识算法识别交叉口当前场景；其次，根据场景类型在目标函数集合中选取与之匹配的目标函数，并选择执行何种相位控制策略；再次，执行相位控制的同时，判断通行能力系数是否超过阈值，超过阈值则执行边界控制；最后，在执行边界控制的同时继续判断通行能力是否超过阈值，超过阈值则执行车道控制，此时交叉口的车道属性重新表达，其相位集合和控制链同步更新。为此，场景驱动的交叉口主动交通控制算法主要包含4个模块：第一个模块，主要用于高精度原始数据的获取和交通场景辨识；第二个模块，主要是根据场景辨识结果实现动态相位与虚相位控制；第三个模块，根据计算通行能力系数，确定是否启动路段速度控制，以达到实时边界控制的目的；第四个模块，在边界控制效果不理想时，启动车道控制，实现交叉口车道属性的重新表达及相位集合的更新。

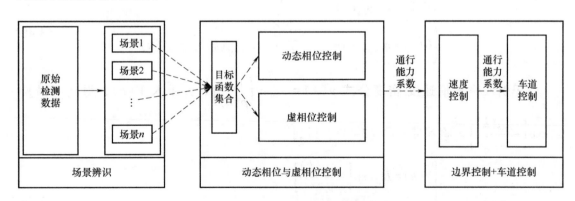

图3-43 交叉口主动交通控制框架

由第二个模块、第三个模块和第四个模块组成的算法，为多变量综合优化控制算法（见图3-44）。其中，双层优化算法1的下层是由动态相位与虚相位控制，上层由基于速度控制构成；双层优化算法2，仍然采用3.3节中的双层优化算法实现。但是，需要说明的是，车道控制启动的条件需要满足的目标函数集合中 J_s 的要求与3.3节的不同。

第3章 控 制

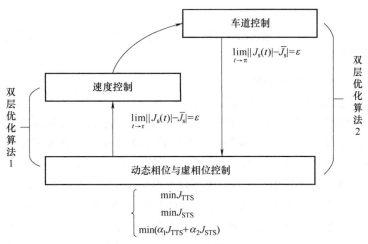

图 3-44 多变量综合优化控制算法结构

(1) 目标函数集合

由于交叉口的混合场景特性,因此针对不同的场景应采用不同的控制目标函数,并同时考虑目标函数设计的统一性。令下层的控制目标函数为

$$\min(\alpha J_{TTS} + \beta J_{STS})$$
$$\text{约束条件 } \alpha + \beta = 1 \tag{3-50}$$

式中,J_{TTS} 为交叉口全部车辆的行程时间;J_{STS} 为特殊车辆的单车行程时间。

同时,给定如下权重系数的选取规则(示例):

1) 当交叉口所处场景为普通场景时,令 $\alpha=1$、$\beta=0$,即考虑交叉口通行车辆的总行程时间最小为目标函数。

2) 当交叉口所处场景为紧急车辆的特殊场景时,令 $\alpha=0$、$\beta=1$,即考虑紧急车辆通过交叉口的行程时间最小为目标函数。

3) 当交叉口所处场景为公交优先车辆的特殊场景时,令 $\alpha=n$、$\beta=m$,即总体考虑公交优先车辆和交叉口其他所有通行车辆的行程时间最小为目标函数。此处的权重参数用来表征场景的不同,实际使用时需要给定。

考虑到速度控制和车道控制的启动顺序和条件不尽相同,故设计了双层优化算法 1 和双层优化算法 2 两个上层控制。同时,又考虑到上层控制目标函数具有时间连续性和形式统一性的特点,令上层的控制目标函数为

$$\max_{t \to \Delta} J_s(t) \tag{3-51}$$

且令

$$\begin{cases} \lim_{t \to \tau} \| J_s(t) \| - \overline{J_s} \| = \varepsilon \\ \lim_{t \to \pi} \| J_s(t) \| - \overline{J_s} \| = \varepsilon \end{cases}$$

约束条件 $t \to \tau \to \pi$

双层优化算法 1 的上层控制目标为 $\begin{cases} \max_{t \to \tau} J_s(t) \\ \lim_{t \to \tau} \| J_s(t) \| - \overline{J_s} \| = \varepsilon \end{cases}$。双层优化算法 2 的上层控制目标为

$$\begin{cases} \max\limits_{t\to\pi} J_s(t) \\ \lim\limits_{t\to\pi} \|J_s(t)|-\overline{J_s}|=\varepsilon \end{cases}$$。$t\to\tau\to\pi$ 表示 D-双层优化的启动顺序和时间连续性。$\overline{J_s}=0$ 表示通行能力系数的临界值。$\varepsilon\to 0$ 的极小值。

（2）下层——动态相位与虚相位控制

动态相位控制仍然采用 3.3 节基于模型预测控制思想的相位控制算法，如图 3-24 所示。同时，考虑到如公交优先、紧急车辆所在的场景的特殊性和 3.3 节人工设计相位控制时存在的局限性，对动态相位控制算法进行扩展，采用动态相位与虚相位控制算法，即将动态相位控制算法中的控制链的长度扩展。其中，预测控制链的最后一个相位定义为虚相位，用以响应特殊场景中的控制要求。虚相位为不指定具体的相位类型，当特殊场景出现需要其表达时，在交叉口的相位集合中选择最佳相位予以响应。图 3-45 所示为动态相位与虚相位控制树状演化过程。图中，VP1 为某一特殊场景的控制，此时虚相位被激活并在交叉口的相位集合中选择最佳相位予以表达。

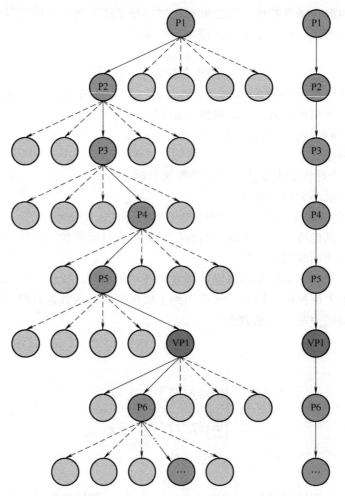

图 3-45 动态相位与虚相位控制树状演化过程

动态相位与虚相位控制流程图如图 3-46 所示。

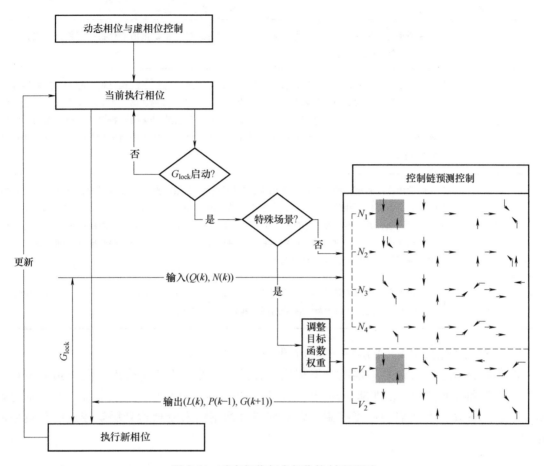

图 3-46 动态相位与虚相位控制流程图

在动态相位与虚相位控制算法中，当出现特殊场景时，虚相位被激活，此时将采样周期 k 内执行某相位时交叉口的流量和排队作为输入，在解空间中搜索与当前执行相位相匹配的 n 个相位作为下一步执行相位的候选，再对每个候选相位选择其连续执行的 m 个相位作为控制链。目标函数为

$$J = \min(\alpha J_{\text{TTS}} + \beta J_{\text{STS}})$$
$$\text{约束条件} \quad \alpha + \beta = 1$$

调整权重值，变化目标函数的形式，采用 GA 作为优化算法执行 n 个控制链，并对 n 个控制链的所得 J 进行排序，取得 J 最小的控制链的第一个相位作为当前相位的下一个执行相位，并将所得间隔时间、相位、绿灯时间作为输出。其算法步骤见表 3-7。

表 3-7 动态相位与虚相位控制算法步骤

步 骤	内 容
1	执行当前相位与绿灯时间，当进入 G_{lock}^i 时，输出当前交叉口各路段交通流量输入和排队状态

(续)

步骤	内　容
2	判断是否为特殊场景，如果是，判断场景类型并通过调整权重值变化目标函数的形式，转至步骤4；否则转至步骤3
3	启动相位控制链预测，在所设置的相位控制链方案组中选择当前执行相位的相容控制链方案组，将步骤1中的交通流量和排队状态作为输入，以 J 为目标函数，并以 GA 为优化算法，分别执行相容相位控制链方案组中的所有方案，并对执行后的 $N(k+1)$ 排名，输出排名第一的相容相位控制链方案中第一个相位、绿灯时间和间隔时间。该过程采用异步多线程计算，计算时间为 G_{lock}^i
4	启动相位控制链预测，并激活虚相位，在所设置的虚相位控制链方案组中选择与当前场景相匹配且与当前执行相位相容控制链方案组，将步骤1中的交通流量和排队状态作为输入，以 J 为目标函数，并以 GA 为优化算法，分别执行相容相位控制链方案组中的所有方案，并对执行后的结果排名，输出排名第一的相容相位控制链方案中第一个相位、绿灯时间和间隔时间。该过程采用异步多线程计算，计算时间为
5	将步骤3或步骤4计算得到的间隔时间、相位、绿灯时间输出到主进程中，待当前相位的 G_{lock}^i 结束后，执行计算得到的间隔时间、相位、绿灯时间

（3）双层优化算法1：上层——速度控制

图 3-47 表示速度控制与下层的动态相位及其扩展的控制方式组合形成具有边界特征的交叉口内部和外部控制区，即前面提到的控速区和控道区。即可引入边界控制思想，通过判断通行能力系数 J_s 是否启动速度控制，以实现通过抑制输入流量达到缓解控道区车辆数的目的。

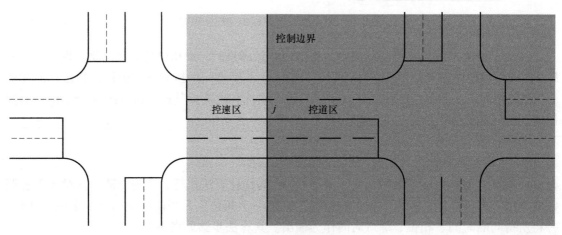

图 3-47　边界控制示意图

双层优化算法1采用双层规划算法实现优化。因此，上层规划以图 3-47 中控速区的速度控制为基础，当控道区的通行能力系数 J_s 达到阈值时，其交通容量已达到极限，此时采用下式作为上层规划模型的目标函数：

$$J_{up}(t) = \max_{t \to \Delta} J_s(t) = \max_{t \to \Delta}(J_M(t) - J_N(t)) \tag{3-52}$$

上层规划模型的约束关系和通行能力系数 J_s 的具体形式如下所示：

$$\begin{cases} J_M = \dfrac{\sum\limits_{j=1}^{n} S_{j,a} g_{j,a,o}(k)}{\sum\limits_{j=1}^{n}\left(S_{j,a} g_{j,a,o}(k) + \dfrac{\Delta n_{j,a}(k)}{n_{j,a}}\right)} \\[2ex] J_N = \dfrac{\sum\limits_{i=1}^{n} \dfrac{\Delta n_{j,a}(k)}{n_{j,a}}}{\sum\limits_{j=1}^{n}\left(S_{j,a} g_{j,a,o}(k) + \dfrac{\Delta n_{j,a}(k)}{n_{j,a}}\right)} \\[2ex] \Delta n_{j,a}(k) = n_{j,a}(k+1) - n_{j,a}(k) = -V(k) - G(k) \\[1ex] \lim\limits_{t \to \tau} \| J_s(k) | - \overline{J_s} | = \varepsilon \end{cases}$$

下层规划模型的目标函数及约束条件由式（3-52）所示，且在设计双层优化算法 1 时下层求解由上述动态相位与虚相位控制算法完成。对双层优化算法 1 模型进行求解，其算法步骤见表 3-8。

表 3-8 双层优化 1 算法步骤

步骤	内容
1	初始化算法参数，算法开始执行
2	场景辨识，判断场景类型，匹配下层是否激活虚相位，同时在目标函数集合中选定对应目标函数
3	实时监测交叉口 J_s 变化情况，判断 J_s 是否小于零；如果小于零，则启动上层速度控制，并以上层目标函数为要求进行优化，优化采用 GA 算法；否则，返回执行步骤 2
4	在给定的时间 $t \to \tau$ 内持续监测 J_s 变化情况，是否有 $\| J_s(t) | - \overline{J_s} | = \varepsilon$。如果是，则返回执行步骤 2；否则，执行步骤 5
5	跳出该循环，进入双层优化算法 2 流程

（4）双层优化算法 2：上层——车道控制

由动态相位与虚相位控制和车道控制组成了双层优化。但需要强调的是，上层和下层的目标函数需遵循上述目标函数集合的要求，且车道控制启动的时刻由下式约束决定：

$$\begin{cases} \lim\limits_{t \to \tau} \| J_s(t) | - \overline{J_s} | = \varepsilon \\ \lim\limits_{t \to \pi} \| J_s(t) | - \overline{J_s} | = \varepsilon \end{cases}$$

约束条件 $t \to \tau \to \pi$

(5) 交叉口主动控制算法

交叉口主动控制流程图如图 3-48 所示。其算法步骤见表 3-9。

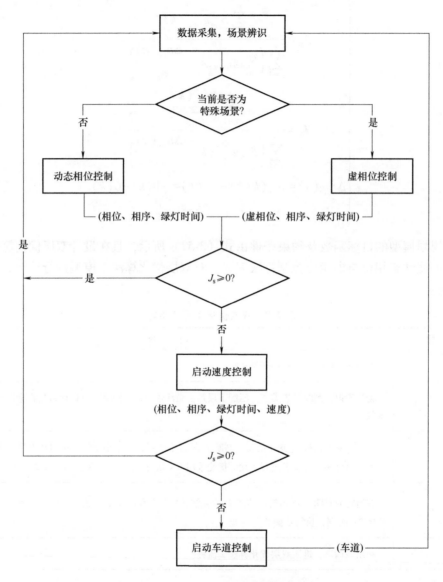

图 3-48 交叉口主动交通控制流程图

表 3-9 多变量综合优化控制算法步骤

阶段	步骤	内　　容
1 开始	1.1	获取高精度原始数据,并进行图像化转换,构建有标签数据集
	1.2	利用基于半监督哈希学习的算法实施当前时刻交叉口场景辨识步
	1.3	转至阶段 2

(续)

阶段	步骤	内容
2 相位控制	2.1	判断步骤1.2识别的交通场景是否为特殊场景，如果是，则对当前交叉口实施动态相位与虚相位控制，即首先激活虚相位，并在交叉口的相位集合中选择适合该场景的最佳相位进行控制。其中，虚相位可以是当前相位的延续，也可以是相位集合中的任意相位。判断是否为最佳相位由该场景对应的目标函数的最优化决定，输出{虚相位，相序，绿灯时间}；否则转至步骤2.2
	2.2	实施动态相位控制，输出{相位，相序，绿灯时间}
	2.3	转至阶段3
3 双层优化1	3.1	判断通行能力系数 J_s 是否大于等于零且连续 n 个采样周期均有 $J_s \geq 0$，如果是，则转至步骤1.1；否则转至步骤3.2
	3.2	通行能力系数 $J_s = 0$ 且连续 n 个采样周期均有 $J_s = 0$，实施路段速度控制，输出{相位/虚相位，相序，绿灯时间，速度}。判断是否通行能力系数 $J_s \geq 0$ 且连续 n 个采样周期均有 $J_s \geq 0$，如果是，则转至步骤1.1；否则转至步骤3.3
	3.3	转至阶段4
4 双层优化2	4.1	通行能力系数 $J_s = 0$ 且连续 n 个采样周期均有 $J_s = 0$，实施车道控制，更新交叉口车道属性，相位集合和控制链，输出{相位/虚相位，相序，绿灯时间，速度，车道}，转至阶段1

3.4.4 交叉口交通控制模型退化描述

考虑到理论研究的结果在实际应用中可能受到实际条件限制而不能较好地使用，并且在实践时经常出现模型失配问题。本节希望通过引入模型退化的概念，来尽可能使得所建立的模型具有一般性。

1. 模型退化的原因

由于交叉口主动交通控制模型由动态速度控制模型和时空资源动态分配模型两部分组成，控制变量包括路段速度、车道属性、相位、相序和绿灯时间，所以导致模型退化的原因主要可归纳为以下三种：

1) 控速区路段长度达不到速度控制要求，即 $L_{j,b} < L_{j,b,\min}$。

2) 执行器不能执行。执行器分为两类，其中一类是速度控制执行器，另一类是车道及信号控制执行器。

3) 驾驶人在控速区对限速的遵从率 $\eta_{j,b}$ 不足。

当上述情况发生时，以式（3-47）为完整形式的交叉口主动交通控制模型出现退化，图3-49所示为模型退化过程。

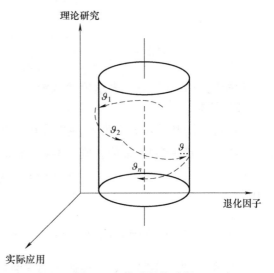

图3-49 模型退化过程

2. 模型退化的形式

（1）模型退化因子

假设 $\vartheta = [\theta_r, \theta_{c,a}, \theta_{c,b}, \theta_f]$，为退化因子集合。具体如下表所示：

表3-10 模型退化因子描述

因子	路段长度是否满足要求
$\theta_r = \begin{cases} 0, & 不满足 \\ 1, & 满足 \end{cases}$	路段长度是否满足要求
$\theta_{c,a} = \begin{cases} 0, & 不正常 \\ 1, & 正常 \end{cases}$	限速控制执行器状态是否正常
$\theta_{c,b} = \begin{cases} -1, & 不正常 \\ 0, & 不正常 \\ 1, & 正常 \end{cases}$	车道及信号控制执行器状态是否正常
$\theta_f = \begin{cases} 0, & 不够 \\ 1, & 足够 \end{cases}$	驾驶人遵从率是否足够

（2）模型退化过程

再次给出交叉口主动交通控制模型完成形式：

$$n_{j,a}(k+1) = n_{j,a}(k) - V(k) - G(k)$$

其中

$$\begin{cases} V(k) = L_{j,b} \exp\left[-\dfrac{v_{j,b}(k)}{v_{j,b,\text{crit}}}\right] \\ G(k) = q_{j,a,\text{in}}(k) - \sum_{o=0}^{\min\{n_{j,a}(k), n_{j,a}^{X_x}(k)\}} \varpi_{j,a,o}(k) \varphi_{j,a,o}(k) S_{j,a} g_{j,a,o}(k) \end{cases}$$

1）当退化因子 ϑ 表现为 $\theta_{i,r}=0$ 或 $\theta_{i,f}=0$ 或 $\theta_{i,c,a}=0$ 时，存在 $v_j^1(t)=0$，则式（3-47）退化为

$$n_{j,a}(k+1) = n_{j,a}(k) - G(k) \quad (3-53)$$

其中

$$G(k) = q_{j,a,\text{in}}(k) - \sum_{o=0}^{\min\{n_{j,a}(k), n_{j,a}^{X_x}(k)\}} \varpi_{j,a,o}(k) \varphi_{j,a,o}(k) S_{j,a} g_{j,a,o}(k)$$

【说明】 式（3-53）表示控速区消失，无法实施动态速度控制，可实施时空资源动态分配模型控制。

2）当退化因子 ϑ 表现为 $\theta_{i,r}=0$ 或 $\theta_{i,f}=0$ 且 $\theta_{i,c,b}=0$ 时，存在 $v_j^1(t)=0$ 和 $\varpi_{j,a,o}(k)=\hbar$，$\varphi_{j,a,o}(k)=\lambda$，且 $\hbar$ 和 λ 为常值，则（3-47）式退化为：

$$n_{j,a}(k+1) = n_{j,a}(k) - G'(k) \quad (3-54)$$

其中

$$G'(k) = q_{j,a,\text{in}}(k) - \varpi_{j,a,o}(k) \varphi_{j,a,o}(k) S_{j,a} \sum_{o=0}^{\min\{n_{j,a}(k), n_{j,a}^{X_x}(k)\}} g_{j,a,o}(k)$$

【说明】 式（3-54）表示控速区消失且车道方向属性无法表达，无法实施动态速度控

制和时空资源动态分配模型控制中的车道控制，可实施动态相序控制。

3) 当退化因子 ϑ 表现为 $\theta_{i,r}=0$ 或 $\theta_{i,f}=0$ 且 $\theta_{i,c,b}=-1$ 时，存在 $v_j^1(t)=0$ 和 $\varpi_{j,a,o}(k)=\hbar$，$\varphi_{j,a,o}(k)=\lambda$，且 $\hbar$ 和 λ 为常值，并且 $o=1$，2，3，则式（3-47）退化为

$$n_{j,a}(k+1)=n_{j,a}(k)-G''(k) \tag{3-55}$$

其中

$$G''(k)=q_{j,a,\text{in}}(k)-\varpi_{j,a,o}(k)\varphi_{j,a,o}(k)S_{j,a}\sum_{o=1}^{3}g_{j,a,o}(k)$$

【说明】 式（3-55）表示控速区消失、车道方向属性无法表达和相序不能调整，无法实施动态速度控制、时空资源动态分配模型中的车道控制和动态相序控制，可实施静态相序控制（静态相序自适应、静态相序定时控制等）。

当从式（3-47）退化到式（3-53）时，｛基因，相位，相序｝的解空间将缩小，直至退化到式（3-55），如图3-50所示。

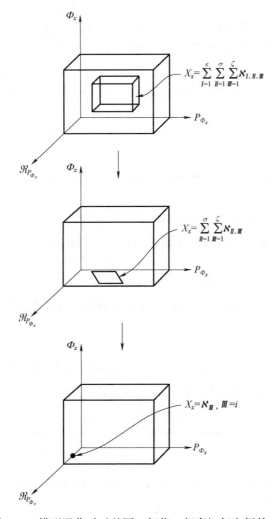

图3-50 模型退化时 ｛基因、相位、相序｝ 解空间的变化

3.4.5 仿真验证

1. 仿真设计

为了验证交叉口主动控制方法的有效性并便于与传统控制方法进行对比分析，本节然采用本书第2章的6种场景（欠饱和、过饱和、欠饱和与公交优先、过饱和与公交优先、欠饱和与紧急车辆、过饱和与紧急车辆）并分为三组进行实验。所选用的仿真数据以交叉口为基础，每次仿真时间为7200s，每组进行10次仿真并取平均值。其中，评价参数均选择平均停车次数和平均延误时间，数据采样间隔为600s。并且，为了验证模型退化后控制算法的效果，选取｛欠饱和，过饱和｝两个场景对模型退化的各阶段的控制进行实验。需要对实验予以下说明：

1）由于传统控制方法一般具针对性，不同场景采用不同的控制方法，所以为了便于比较，在第一组｛欠饱和，过饱和｝两个场景中，与定时控制进行对比；在第二组｛欠饱和与公交优先，过饱和与公交优先｝两个场景中，与传统公交优先控制（采用相位绿灯延长和红灯缩短）进行对比；在第三组｛欠饱和与紧急车辆，过饱和与紧急车辆｝两个场景中，与传统紧急车辆控制（采用触发响应，即检测到通行请求时，立即锁定相位或跳转相位）进行对比。

2）仿真中采用检测点代替实际中常用的RFID检测器，分别将检测点布设在距离停车线150m左右的位置。

3）对于仿真中出现的所有公交车辆均实施公交优先控制，出现的所有紧急车辆均实施紧急优先控制。

4）模型退化仿真时，选择｛欠饱和，过饱和｝两个场景是为说明和验证模型退化的过程结果。

5）在仿真中，选择目标函数参数 α 和 β。即，对于第一组｛欠饱和，过饱和｝，令 $\alpha=1$、$\beta=0$，即考虑交叉口通行车辆的总行程时间最小为目标函数；对于第二组｛欠饱和与公交优先，过饱和与公交优先｝，令 $\alpha=0$、$\beta=1$，即考虑公交优先车辆通过交叉口的行程时间最小为目标函数；对于第三组｛欠饱和与紧急车辆，过饱和与紧急车辆｝，令 $\alpha=0$、$\beta=1$，即考虑紧急车辆通过交叉口的行程时间最小为目标函数。这样选择目标函数参数的目的是为了便于和传统控制方法进行比较。

2. 参数设置

对于该交叉口主动交通控制方法，在实施速度控制时控速区长度需要遵循约束条件，为得到较为可靠的控制结果，设计图3-51所示的仿真路网进行仿真验证，仿真参数设置见表3-11。

表3-11 仿真参数设置

参数类型	具体内容
道路	采用3×3路口设计；交叉口连接路段间距为470~490m，边界路口输入路段长度为230~250m；路段采用双向4车道，路口入口30m处设置渠化，渠化均为左转、直行，比例为3：7；车道宽度为3.5m
车辆	车速分布为[20, 60]；车型比例为1：99（大车：小车）；大车中公交车与紧急车辆的比例为99：1；车流量从路网的入口路段生成，流量分布参照潍坊市城区部分路口给定

(续)

参数类型	具体内容
路网及信号	路口编号为1~9，这里实施控制的路口编号为5；除5号路口外，其余路口全部采用4阶段信号灯控制，阶段1为南北直行，阶段2为南北左转，阶段3为东西直行，阶段4为东西左转；直右车辆与直行车辆同时放行；信号控制周期为120s；间隔时间为黄灯3s，全红2s；T_{stage1} = 35s，T_{stage2} = 15s，T_{stage3} = 35s，T_{stage4} = 15s
场景	6种（欠饱和、过饱和、欠饱和与公交优先、过饱和与公交优先、欠饱和与紧急车辆、过饱和与紧急车辆）
数据采集	数据采集路段编号、车道编号、车辆编号、全路段密度、流量、车速、车长、车辆坐标和车辆类型，数据采样间隔为600s，仿真时间7200s

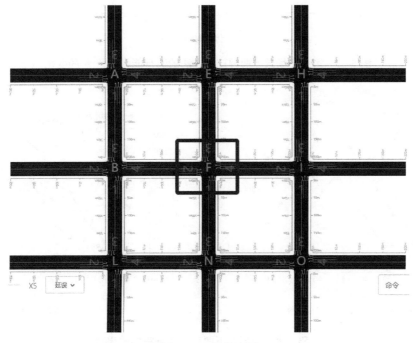

图3-51 仿真路网

3. 与传统方法对比分析

（1）第一组 {欠饱和，过饱和} 两个场景

对第一组所包含的两个场景进行对比时，通行能力系数 J_s 的变化如图3-52所示。从图中可以看到，采用本节方法时要比采用传统定时控制方法到达 J_s 阈值的时间晚。图3-52中的点1表示 J_s<0，启动了速度控制；但发现下一个数据点的 J_s 进一步降低，说明此时速度控制已经无法控制 J_s 的下降，继而启动车道控制（图3-52中的点2）；由于后续交通状态的好转和车道控制的作用，使得 J_s 恢复到控制阈值内。

图3-53a和b分别为在第一组所包含的两个场景通过交叉口的车辆的平均停车次数和平均延误时间。可以看出，采用本节的主动控制方法使该组的欠饱和与过饱和两个场景下的控制效果均好于传统控制方法。

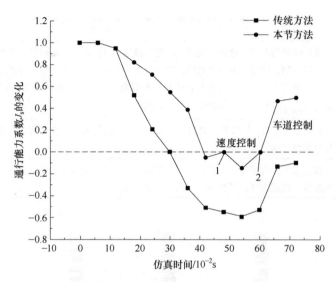

图 3-52 第一组场景下两种控制方法的通行能力系数 J_s 的变化

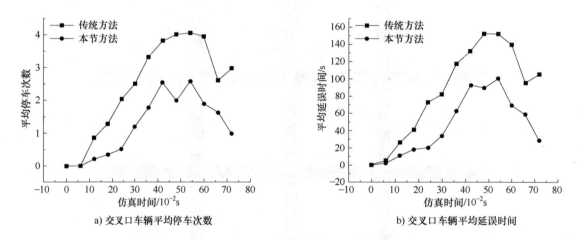

a) 交叉口车辆平均停车次数　　　　　　　　b) 交叉口车辆平均延误时间

图 3-53 第一组场景下两种控制方法的效果对比

（2）第二组 {欠饱和与公交优先，过饱和与公交优先} 两个场景

图 3-54a 和 b 分别为在第二组所包含的两个场景通过交叉口的公交车的平均停车次数和平均延误时间。可以看出，在欠饱和与公交优先的场景下，用本节的主动控制方法与传统控制方法的控制效果相近；但随着交通流的变化场景由欠饱和与公交优先转至过饱和与公交优先场景，此时本节的主动控制方法的控制效果明显好于传统控制方法。

（3）第三组 {欠饱和与紧急车辆，过饱和与紧急车辆} 两个场景

图 3-55a 和 b 分别为在第三组所包含的两个场景通过交叉口的公交车的平均停车次数和平均延误时间。可以看到，在欠饱和与紧急车辆的场景下，本节的主动控制方法与传统控制方法的控制效果相近；但随着交通流的变化场景由欠饱和与紧急车辆转至过饱和与紧急车辆场景，此时本节的主动控制方法的控制效果明显好于传统控制方法。

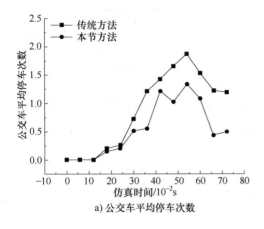
a) 公交车平均停车次数

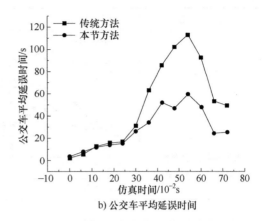
b) 公交车平均延误时间

图 3-54　第二组场景下两种控制方法效果对比

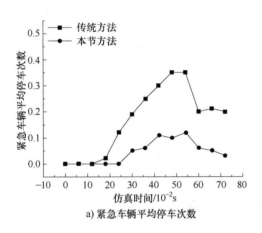
a) 紧急车辆平均停车次数

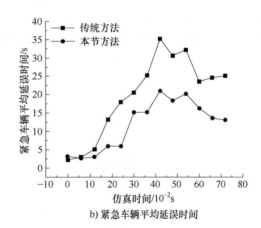
b) 紧急车辆平均延误时间

图 3-55　第三组场景下两种控制方法的效果对比

如表 3-12 所示，与传统方法相比，第一组的交叉口平均停车延误时间降低了 35.93%%，平均停车次数降低了 31.80%；第二组的公交车平均停车延误时间降低了 22.35%，平均停车次数降低了 26.58%；第三组的紧急车辆平均停车延误时间降低了 14.81%，平均停车次数降低了 47.06%。由此可知，本节方法能够有效辨识不同场景，并给予适合的控制响应，挺高通行效率。

表 3-12　控制方式仿真结果对比

实验场景	控制方法	指标	结果	改进程度
第一组 {欠饱和，过饱和}	传统方法	交叉口平均延误时间	92.4s	—
	本节方法	交叉口平均延误时间	59.2s	35.93%
	传统方法	交叉口平均停车次数	2.41 次	—
	本节方法	交叉口平均停车次数	1.64 次	31.80%

(续)

实验场景	控制方法	指标	结果	改进程度
第二组 {欠饱和与公交优先, 过饱和与公交优先}	传统方法	公交车辆平均延误时间	50.1s	—
	本节方法	公交车辆平均延误时间	38.4s	22.35%
	传统方法	公交车辆平均停车次数	0.79次	—
	本节方法	公交车辆平均停车次数	0.58次	26.58%
第三组 {欠饱和与紧急车辆, 过饱和与紧急车辆}	传统方法	紧急车辆平均延误时间	16.2s	—
	本节方法	紧急车辆平均延误时间	13.8s	14.81%
	传统方法	紧急车辆平均停车次数	0.17次	—
	本节方法	紧急车辆平均停车次数	0.09次	47.06%

4. 模型退化结果对比分析

为了更好地描述交叉口主动控制模型退化的各阶段,选取上述第一组{欠饱和、过饱和}两个场景对模型退化的各阶段的控制进行对比分析。图3-56中,FC为用于对比的传统定时控制,SC为交叉口切换控制,DC为3.3节提出的时空资源动态分配模型双层优化控制,AC为本节提出的主动交通控制。图3-56也给出了DC和AC的不同控制阶段。

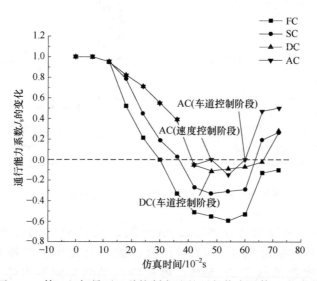

图3-56 第一组场景下四种控制方法的通行能力系数J_s的变化

图3-57a和b分别为欠饱和和过饱和两个场景下通过交叉口的车辆的平均停车次数和平均延误时间。从图中可以看出,采用SC、DC和AC三种控制方法的效果均好于传统控制方法的效果;并且,在$J_s>0$时DC和AC的控制效果相同,这是因为在该条件下两者采用的控制手段相同(均为动态相位控制)。但是,可以发现,当$J_s<0$时DC与AC的控制效果交替。当AC启动车道控制时,效果明显好于DC,这是由于在该条件下DC多次实施车道控制,使得J_s在阈值附件波动,但由于具有滞后性所以当交通流发生变化时无法快速适应。同时,场景由过饱和转向欠饱和时,SC的控制效果与AC相近,原因是其能适应交通流变化的速度更快。第一组场景下模型退化的四种控制方法的效果对比如图3-57所示。

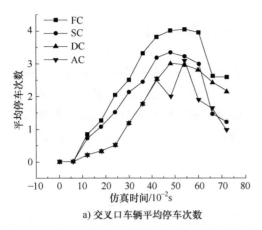 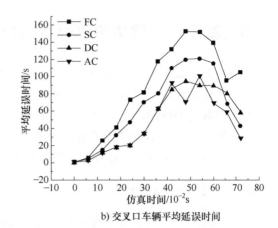

a) 交叉口车辆平均停车次数　　　　　　　b) 交叉口车辆平均延误时间

图 3-57　第一组场景下模型退化的四种控制方法的效果对比

如表 3-13 所示，与 FC、SC、DC 三种方法相比，AC 控制能够有效降低交叉口平均停车延误时间和平均停车次数，DC 相比于 SC 和 FC 也有较高提升。同时，可以看到在模型退化过程中控制方法对交叉口的控制效果逐步降低。

表 3-13　四种控制方式仿真结果对比

控制方式	指标	结果	改进程度		
			FC	SC	DC
FC	交叉口平均延误时间	92.4s	—	—	—
	交叉口平均停车次数	2.41次	—	—	—
SC	交叉口平均延误时间	72.8s	21.21%	—	—
	交叉口平均停车次数	2.03次	15.72%	—	—
DC	交叉口平均延误时间	65.6s	29.01%	9.89%	—
	交叉口平均停车次数	1.76次	26.92%	13.30%	—
AC	交叉口平均延误时间	59.2s	35.93%	16.68%	11.94%
	交叉口平均停车次数	1.64次	31.80%	19.21%	9.76%

从交叉口和连接路段一体化建模出发，本节首先建立了由速度控制模型和道路时空资源动态分配模型构成的交叉口主动交通控制模型，并给出了控速区和控道区的划分原则。其次，本节设计了多变量综合优化控制算法。其中，第一部分的双层优化采用边界控制思想，由速度控制与动态相序控制相结合，第二部分的双层优化采用了 3.3 节的车道控制与动态相序控制相结合来实现。再次本节引入了场景辨识方法对交叉口交通场景进行识别并作为控制决策依据，实现了交叉口的主动交通控制。之后，本节考虑主动控制模型应具有一般适用性和传统交通控制模型在实践时经常出现模型失配的问题，提出了模型退化概念并给出了导致退化的条件和结果。最后，本节设计了两类实验分别对主动控制及其退化进行验证，结果表明主动控制方法能够快速准确识别交通场景并提供有效的控制策略响应，同时退化后的控制策略也优于对比控制策略。

3.5 基于广域雷达检测数据的交叉口常发溢流控制

受控交叉口是车流汇聚、时空交换的重要节点,承担着保障交通安全和交通运行效率的重任。尤其是在城市规划和设计中被定义为重要的交叉口,更是交通需求的极大承载者。随着汽车保有量的持续增加和日益增长的通行需求,不堪重负的城市交叉口开始出现频繁的溢流、死锁等现象,不但降低了通行效率,增加了尾气排放,还带来了更多的交通事故隐患。因此,开展城市交叉口的溢流控制的研究势在必行。

3.5.1 交叉口溢流成因分析

交通溢流是指由于道路规划或渠化、交通信号配时、交通事故等不利因素的影响,导致路段车辆排队蔓延至受控交叉口,并造成冲突区域拥堵或死锁的现场。

交通溢流主要可分为常发性溢流和继发性溢流两类。

常发性溢流的成因主要分为内部原因和外部原因。其中,内部原因一般为,受控交叉口的道路规划或渠化、交通信号配时(主要相位相序)等设计不合理,混行交通需求过大难以兼顾机、非、行的通行需求;外部原因一般为,受控交叉口所处道路网内上下游交叉口间距存储空间与车辆通行需求的供需不匹配,上下游交叉口未进行协调控制等,如图 3-58a 和 b 所示。

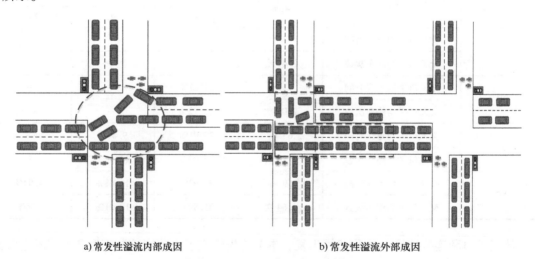

a) 常发性溢流内部成因   b) 常发性溢流外部成因

图 3-58 常发性溢流成因示意图

继发性溢流的成因主要为受控交叉口或所连接的上游路段的突发事件造成的车辆短时间内聚集,如图 3-59 所示。常见突发事件为交通事故和特殊车辆通行(急救、消防等)。

由于因外部原因导致的常发性溢流更易对受控交叉口和所在路网造成影响,因此本节重点研究常发性溢流情况下受控交叉口有效检测区域内的溢流辨识与控制策略。

3.5.2 受控交叉口有效检测区域内溢流辨识

广域雷达交通检测技术是近年来发展起来的先进检测技术,最早应用于车速检测和断面

第3章 控 制

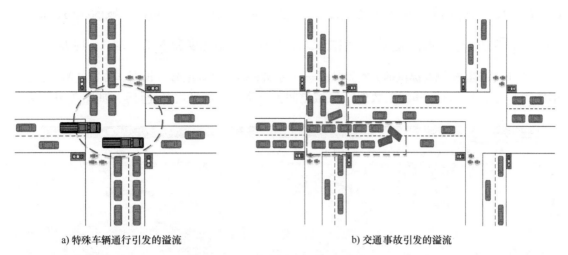

a) 特殊车辆通行引发的溢流　　　　　b) 交通事故引发的溢流

图 3-59　继发性溢流成因示意图

流量检测。随着智能交通控制对数据维度和数据精度的要求提高,广域雷达以其检测距离远、覆盖面积大、车辆跟踪目标多、检测数据种类丰富而得到相关学者和使用部门的青睐。本节将研究利用广域雷达检测器对城市受控交叉口常发性溢流场景进行检测,并设计溢流检测综合辨识指标。

1. 溢流场景广域雷达检测设计

该设计要综合考虑受控交叉口溢流检测需求和广域雷达检测器设置要求,如图 3-60 所示。

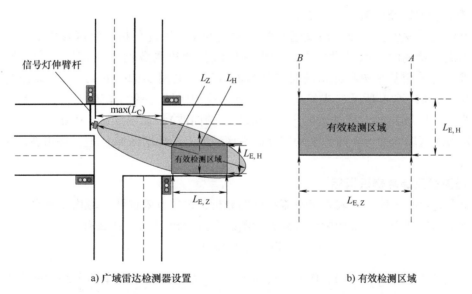

a) 广域雷达检测器设置　　　　　　b) 有效检测区域

图 3-60　溢流场景广域雷达检测设计示意图

1) 检测器安装于信号灯伸臂灯杆上,检测方向为交叉口出口方向。
2) 根据受控交叉口常发溢流的方向,安装检测器数量 N,$1 \leqslant N \leqslant 4$。
3) 广域雷达检测器检测范围为,纵向有效距离 L_Z,$L_Z \geqslant \max(L_C) + L_{E,Z}$;横向有效距离

L_H,$L_H \geqslant L_{E,H}$。L_Z 的取值应大于受控交叉口冲突区域最边长与有效检测区域的纵向边长,即 $\max(L_C)+L_{E,Z}$。L_H 的取值应大于受控交叉口出口所有车道宽度和 $\sum_{i=1}^{n}\overline{l_i}$,$n \geqslant 1$,即 $L_{E,H}$。

4) 广域雷达检测器提供两大类型数据——原始数据[目标编号、长度、位置(X_{Pos},Y_{Pos})、车速(X_{Speed},Y_{Speed})]和加工数据(区域空间占有率、区域平均车速灯),如图 3-61 所示。

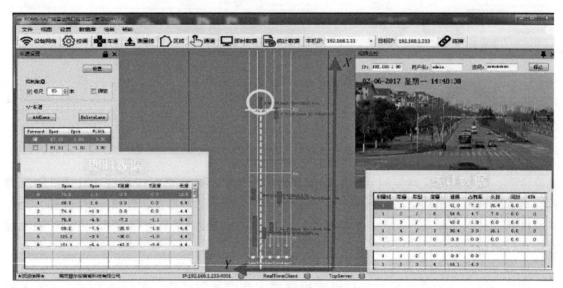

图 3-61 广域雷达检测器设置软件

2. 有效检测区交通流特性分析

溢流情况的发生会导致路段交通流特性发生变化,因此分析特定区域内的交通流变化规律可为溢流检测的辨识提供依据。考虑到广域雷达检测数据的丰富性和常发性溢流辨识的需求,可采用基本图和冲击波对有效检测区域(见图 3-62c 和 d)的交通流特性进行分析。如图 3-62a 和 b 所示,未发生溢流时有效检测区域内平均车速和平均密度落在区域间 F(非拥堵区域)上,无冲击波产生(即只有前向波);如图 3-62c 和 d 所示,当发生溢流时有效检测区域内平均车速和平均密度落在区域间 G(拥堵区域)上,冲击波产生且出现明显排队。

3. 溢流检测综合辨识指标

基于上述对有效检查区域内交通流特性的分析,选取有效检测区域内车辆平均空间占有率和车辆平均速度作为分项指标设计溢流检测综合辨识指标 PI。那么有

$$\text{PI}=w_1 O_{\overline{D}}+w_2 V_{\overline{D}} \tag{3-56}$$

式中,w_i 为指标权重 $\sum_{i=1}^{n}w_i=1$,$0<w_i<1$,$n=2$;$O_{\overline{D}}$ 为检测区域内车辆平均空间占有率,且 $O_{\overline{D}}=\dfrac{\overline{L}\rho L_{单位}}{L_{E,Z}}$,$\overline{L}$ 为车辆平均长度,$L_{单位}$ 为密度的单位长度;$V_{\overline{D}}$ 为检测区域内车辆平均速度。

针对性能指标 PI 中分项指标权重的设计,传统方法多采用人工经验法,本节为深入刻画溢流场景下交通流参数变化特性,采用平移修正处理的距离熵[18]确定 PI:

第3章 控　　制

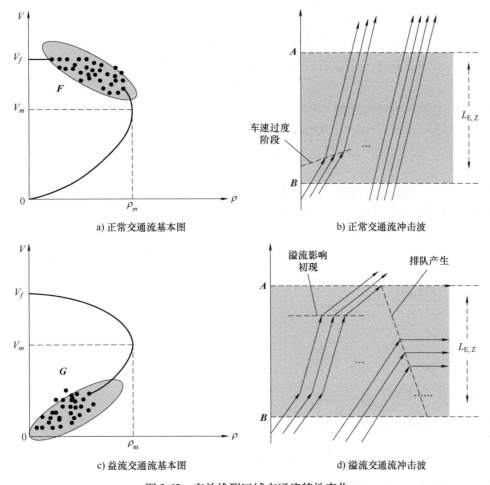

图 3-62　有效检测区域交通流特性变化

1）用距离熵计算指标的权重并计算最终的 PI。

2）当分指标数值固定或变化幅度极小时，经归一化和标准化处理后距离熵的值为 0。采用数据平移修正的方法对这部分指标进行处理，保证所有分指标对 PI 起作用。

设计分项指标矩阵 $\boldsymbol{A}=[O_{\overline{D}},V_{\overline{D}}]$，令 $O_{\overline{D}}=a_1$，$V_{\overline{D}}=a_2$，则有信息决策矩阵 $\boldsymbol{A}=[a_i]_m$，a_i 为第 i 个指标的观测值，$i=1,2,3,\cdots,m$，$m\geqslant 2$。下面介绍其过程。

步骤 1　将 $\boldsymbol{A}=[a_i]_m$ 进行归一化处理，得到标准信息矩阵 $\boldsymbol{R}=[r_i]_m$。其中归一化的处理方法如下：

对于越大越优型分指标[17]，有

$$r_i=\frac{a_i-\min(a_i)}{\max(a_i)-\min(a_i)}$$

对于越小越优型分指标，有

$$r_i=\frac{\max(a_i)-a_i}{\max(a_i)-\min(a_i)}$$

选择第 i 个指标所对应的最优单元值 r_i^*，$i=1,2,3,\cdots,m$，$m\geqslant 2$，选取规则为

$$r_i^* = \begin{cases} \max_{1\leq i\leq m}\{r_i\}, i \text{ 为效益型属性} \\ \min_{1\leq i\leq m}\{r_i\}, i \text{ 为成本型属性} \end{cases}, \forall i \quad (3\text{-}57)$$

步骤2　计算各指标 r_i 对应的最优单元值 r_i^* 的距离，有

$$d_i = |r_i - r_i^*|, i=1,2,3,\cdots,m, m \geq 2 \quad (3\text{-}58)$$

步骤3　计算对应指标概率，有

$$p_i = \frac{(d_i + u_i)}{\sum_{i=1}^{m}(d_i + u_i)}, i=1,2,3,\cdots,m, m \geq 2 \quad (3\text{-}59)$$

当 $d_i > 0$ 时，无须对 p_i 进行修正，此时 $u_i = 0$；当 $d_i = 0$ 时，该分指标对 PI 不起作用，为了保证所有指标数据的可用性，需人为对 p_i 进行平移修正，此时 u_i 为常数且 $u_i > 0$。

步骤4　计算指标的距离熵，有

$$e_i = -\frac{1}{\ln n}\sum_{i=1}^{m} p_i \ln p_i, \forall i \quad (3\text{-}60)$$

步骤5　计算熵权，有

$$w_i = \frac{1 - e_i}{m - \sum_{i=1}^{m} e_i}, \forall i \quad (3\text{-}61)$$

式中，$\sum_{i=1}^{m} w_i = 1$，$0 < w_i < 1$。

步骤6　计算溢流检测综合辨识指标 PI，有

$$\text{PI} = \sum_{i=1}^{m} w_i p_i, \forall i \quad (3\text{-}62)$$

综合式（3-56）和（3-62）可得

$$\text{PI} = w_1 O_{\bar{D}} + w_2 V_{\bar{D}} = \sum_{i=1}^{m} w_i p_i, \forall i \quad (3\text{-}63)$$

3.5.3　受控交叉口常发性溢流控制策略

受控交叉口是城市交通控制系统的最小单元，具有波动性、随机性和不确定性等特点。同时出于安全性和高效性的考虑，信号控制策略均以路权合理分配和冲突理论为基础。因此在设计常发性溢流控制策略时，需考虑非溢流相位的交通需求和控制策略的合理性。下面提出图 3-63 所示的溢流控制策略。

步骤1　计算溢流检测综合辨识指标 PI，并判断是否达到溢流条件，未达到溢流条件则继续计算；否则，进入步骤2。

步骤2　设定目标函数 J 和约束条件 D（非溢流相位的交通需求），有

$$J = \min(\text{PI}(t))$$

$$\text{约束条件 } D = [D_j]_m, j=1,2,3,\cdots,m, m \geq 4 \quad (3\text{-}64)$$

步骤3　设计与非溢流相位交通需求 D 相匹配的控制策略集，有

$$\text{CS} = [\text{CS}_i]_n, i=1,2,3,\cdots,n, n \geq 4 \quad (3\text{-}65)$$

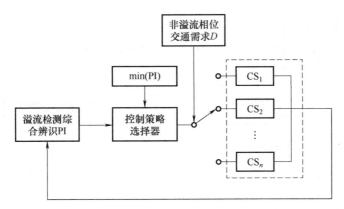

图 3-63 溢流控制策略

注意,常发性溢流产生时需考虑受控交叉口全局影响和非溢流相位的交通需求。根据其需求可设计的控制策略一般为四种:延迟相位、更换相位、跳转相位和插入相位。

步骤 4 判断是否符合切换条件,并进行相应操作。具体策略为

$$D_j \to CS_i\{\min(PI(t))\} + \varepsilon, 切换至策略 n, m = n \tag{3-66}$$

式中,$\varepsilon > 0$ 为滞后因子。

步骤 5 采用遗传算法进行优化,设计如下:

a) 目标函数为 $J = \min(PI(t))$。

b) 约束条件为 $D = [D(k)], k = 1, 2, 3, 4$。

c) 设置使适应度函数为 $F = \dfrac{1}{J} = \dfrac{1}{\min(PI(t))} = \dfrac{1}{\min\left[\sum\limits_{i=1}^{m} w_i p_i(t)\right]}$。

d) 设计包括种群规模、交叉概率、变异概率、优化代数等。

3.5.4 仿真验证

1. 仿真设计

为了验证本节提出算法的可行性,选取北京市成府路与中关村东路交叉口(见图 3-64)的交通数据进行仿真验证。

【说明】

● 成府路与中关村东路交叉口地处中关村核心地区,周边交通复杂,包括大型企业、高校等,交通需求大,且早晚高峰呈现明显潮汐。据统计,该交叉口溢流情况出现频繁,因此选取其作为仿真验证对象具有代表性。

● 交通数据。该交叉口安装了用于检测溢流的广域雷达检测器,检测频率为 1/10ms,统计数据时间间隔最小单位为 5s。

● 广域雷达检测器的有效检测区域如图 3-64b 所示。

● 仿真采用 VISSIM,采用 COM 的二次开发实现控制策略、有效检测区域设置、雷达数据生成交通需求。该处采用广域雷达的原始数据——目标编号、长度、位置(X_{Pos}, Y_{Pos})、车速(X_{Speed}, Y_{Seed}),更新每辆车运动轨迹。

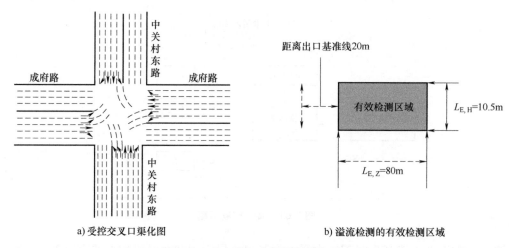

图 3-64 成府路与中关村东路交叉口

- 模拟常发性溢流发生,设置成府路西向东方向上游交叉口排队过长导致该受控交叉口发生溢流。
- 该受控交叉口的溢流控制策略集设置为 $CS = [CS_i]_n, i = 1, \cdots, n$,取 $n = 4$,具体为 {延迟相位,更换相位,跳转相位,插入相位}。

2. 结果分析

如图 3-65 所示,受控交叉口发生溢流(见图 3-65a),此时有效检测区域的平均车速和平均密度数据均位于约束区域,车辆互相影响且产生冲击波并形成车辆排队。溢流检测综合辨识指标 PI 被判断为溢流发生,进而控制策略选择器根据受控交叉口情况和非溢流相位交通需求选择相匹配的控制策略进行控制。图 3-65b~f 给出了溢流控制策略执行后有效检测区域内交通流特征的变化情况。图 3-65f 所示情况下溢流已消除,受控交叉口恢复正常运行。

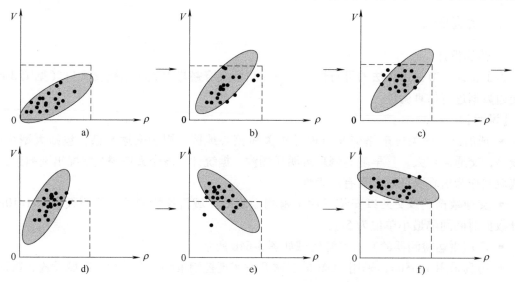

图 3-65 溢流控制施加前后有效检测区域交通流基本图变化

本节以受控交叉口常发性溢流问题为出发点，利用广域雷达提供的丰富检测数据，以有效检测区域内平均车速和空间占有率为分项指标，建立了溢流检测综合辨识指标 PI；之后，采用平移修正处理的距离熵权法计算 PI 及分项指标权重，并以此为目标函数，全局考虑受控交叉口和非溢流相位交通需求，设计了溢流控制策略集。本节又采用作者团队研发的中微观仿真平台实现了控制策略、有效检测区域设置、雷达数据生成交通需求。最后，本节利用实际受控交叉口的检测数据进行了仿真，并分析了有效检测区域的交通流特性，结果显示采用本本节方法能够准确检测溢流发生且能抑制并消除溢流情况。

3.6 小结

考虑到车路协同、物联网等技术的发展已经丰富和扩展了交通控制的执行手段，本章以时空资源描述为基础，以广义交通控制理念为核心，研究了被动控制和主动控制两类控制模型，就交叉口的溢流的特殊形式进行了分析；经过研究得认为，控制变量的维度增加将进一步激发交通控制的活力和灵活性，尤其是在未来智能网联时代。

参 考 文 献

[1] 付俊. 非线性级联系统的鲁棒不变切换控制 [D]. 沈阳：东北大学，2004.

[2] 方志明. 切换系统稳定性分析与优化控制若干问题研究 [D]. 南京：南京理工大学，2012.

[3] 赵晓华，李振龙，于泉，等. 基于切换模型的两交叉口信号灯 Q 学习协调控制 [J]. 北京工业大学学报，2007，33 (11)：1148-1152.

[4] 何忠贺，陈阳舟，石建军. 切换服务系统的稳定性及交叉口信号配时 [J]. 控制理论与应用，2013，30 (2)：194-200.

[5] 范立权，陈阳舟，李振龙. 基于混杂模糊切换的快速路区域协调控制研究 [J]. 交通信息与安全，2009，27 (s1)：44-48.

[6] 向伟铭，肖建，蒋阳升. 基于切换系统的过饱和信号交叉口混杂控制 [J]. 交通运输系统工程与信息，2014，14 (2)：57-61.

[7] QI H S，WANG D H，SONG X M. On the critical conditions of traffic jams [J]. Journal of Southeast University (English Edition)，2011，27 (2)：180-184.

[8] 李朝阳，王正. 城市道路时空资源供求模型及其应用 [J]. 应用基础与工程科学学报，1998，6 (3)：241-247.

[9] 唐贵涛，成卫，张斌华. 过饱和信号交叉口时空资源动态优化策略研究 [J]. 价值工程，2016，35 (15)：17-21.

[10] 赵靖，付晶燕，杨晓光. 信号控制交叉口动态车道功能优化方法 [J]. 同济大学学报（自然科学版），2013，41 (7)：996-1001.

[11] 姚荣涵，王殿海，曲昭伟. 基于二流理论的拥挤交通流当量排队长度模型 [J]. 东南大学学报（自然科学版），2007，37 (3)：521-526.

[12] 尹凯弘，吴正，郭明旻. 基于交通流实测数据的加速度研究 [J]. 力学学报，2015，47 (2)：242-251.

[13] MESSMER A，PAPAGEORGIOU M. METANET：A macroscopic simulation program for motorway networks [J]. Traffic engineering & control，1990，31 (9)：466-470.

[14] 马明辉，杨庆芳，梁士栋. 高速公路主线可变限速控制方法 [J]. 哈尔滨工业大学学报，2015，47

(9): 107-111.

[15] HELLINGA B, MANDELZYS M. Impact of driver compliance on the safety and operational impacts of freeway variable speed limit systems [J]. Journal of Transportation Engineering, 2011, 137 (4): 260-268.

[16] 关伟, 何蜀燕, 马继辉. 交通流现象与模型评述 [J]. 交通运输系统工程与信息, 2012, 12 (3): 90-97.

[17] KERNER B S, KONHAUSER P. Cluster effect in initially homogeneous traffic flow [J]. Physical Review E, 1993, 48 (4): 2335-2338.

[18] 黄文成, 帅斌, 左静, 等. 基于修正熵权的未成网城市轨道交通绩效评价 [J]. 交通运输系统工程与信息, 2016, 16 (6): 115-121.

第4章 系　　统

4.1 概述

车路协同、自动驾驶、物联网和人工智能等技术的进步使得研究人员能够开发更多的新型交通控制策略，并能够构建更精细的交通场景来满足交通需求的变化。其中许多具有创新性的控制策略，突破了传统交通控制理论的束缚，提出了新的控制逻辑架构。然而，从理论研究到实际应用，需要进行大量的现场测试，且往往还涉及对实际设备进行改进。这一工作，需要交通管理者、研究者、研发人员和实施人员的密切配合，不但耗时耗力，还存在一定的交通安全风险。因此，在过去只有少数控制策略依托交通控制系统经过测试后最终在实际中使用，且在此类比较成熟的系统中试验新的控制策略难度也很大。为了解决这一问题，同时也是为了验证论本书所提的模型和算法，本章以交通时空资源为基础，研究和设计了一种基于信息物理系统的场景驱动城市交通控制系统（Urban Traffic Control System-Cyber Physical System，UTCS-CPS），以寻求解决交通控制策略研究与实践之间问题的适当方法。我国交通控制领域经历了多年的发展，虽然在交通控制设备的功能和性能上取得了进步，但是在通信协议标准化上仍然存在很多问题，如不同品牌交通控制器和控制系统无法兼容，业内交通控制语言不统一。考虑这些问题，本章研究的 UTCS-CPS，提供了实时交通仿真系统，可以仿真宏观和微观交通流特性；开发了控制策略 API 和编程模板，便于控制策略的快速集成；具有实时控制与实时仿真的交互功能，方便控制策略的快速仿真、测试、迭代和实践；提供了协议转换平台，通过解耦系统与交通控制设备，可以接入多种类型的信号控制器。

4.2 场景驱动的 UTCS-CPS

交通需求的多样性、交通流复杂特性、城市发展不均衡性及被控对象的不确定性等，对城市交通控制的理论、控制策略和控制手段都提出了新的要求。特别是在大数据、云计算、边缘计算、人工智能、物联网、车联网等技术快速发展的今天，我国城市交通控制进入了以智能化为核心的交通控制 4.0 时代，更强调在未来城市交通控制背景下信息、计算和控制的融合。在交通控制 4.0 时代，变化最为明显的应该是被控对象、控制目标和执行器。其中，被控对象，从交通流改变为人、车与路的协同；控制目标，由交通安全与交通效率改变为交通参与者的感受；执行器，从信号控制器改变为信号控制器、交通标志与智能车辆。这些都表明，城市交通控制关注的主体已经从车改变为人，也体现了我国一直强调的"以人为本"的理念。

交通控制4.0对信息、计算和控制的要求正好与信息物理系统（CPS）的特点相契合。CPS的理念最早见于美国，随后便迅速得到中美两国国家政府和研究人员的响应，已经在生物、军事、工业等领域开展了富有成效的前期工作[1]。城市交通的复杂特性及其所面临的难题，使其成为CPS最佳的试验场和应用领域[2]。CPS在交通运输系统的监管和安全控制方面起到越来越重要的作用，有助于交通运输系统中的实际控制决策[3]。T-CPS在结构上主要包括控制软件、通信网络和物理装置之间的交互。其中的通信网络主要指交通信息的集成与整合[4]。为了交通控制4.0与CPS相互契合，本章设计了基于CPS架构的UTCS-CPS，并且在系统构建时还充分考虑了目前我国交通控制领域存在问题和未来网联交通的特点，重点设计了协议转换、信息安全、人工智能、实时仿真等方面功能。

车路协同、混合驾驶、自动驾驶和人工智能等技术的进步，使得研究人员能够开发更多创新的信号控制策略，并能够构建更多的交通场景来适应交通需求的变化。与此同时，许多创新的信号控制策略不但突破了传统的信号控制理论束缚，还提出了很多新的控制逻辑架构。这就要求必须在现场对其进行大量测试，且往往还涉及对现场设备进行改装。这一工程，需要交通管理方、控制策略研究人员、信息技术专业人员和实施人员的密切配合，不但耗时耗力，且存在一定的交通安全风险。因此，过去只有少数控制策略依托交通控制系统经过测试被最终实际应用等。另外，在此类比较成熟的系统中试验新的控制策略也是难度很大的。为了解决这个问题，本章提出的UTCS-CPS是基于CPS理论和平行系统理论的城市交通控制控制架构的，以弥补交通控制策略研究与实践之间的鸿沟。我国交通控制领域经历了几十年的发展，虽然在信号控制设备的功能和性能上取得了进步，但是在通信协议标准化上仍然存在很多问题。不同品牌交通控制器和控制系统无法兼容，行业内交通控制语言不统一等。考虑以上问题，UTCS-CPS主要提供了实时交通仿真系统，可以基于检测数据与GIS数据完成参数的自动标定，可以仿真宏观和微观交通流特性，同时提供了控制策略API和编程模板；提供了实时交通控制系统与实时交通仿真系统的交互，方便控制策略的快速测试、迭代和实践；提供了协议转换平台，通过解耦系统与交通控制设备，可以接入多种类型的信号控制器；提供了云计算和边缘计算平台，实现计算能力、信息安全提升等。

4.2.1 UTCS-CPS的系统架构

基于CPS架构中对控制、信息和计算三个方面的要求，在设计和研发UTCS-CPS时构建了四个支撑平台，分别是控制与仿真平台、私有云计算平台、智能网关和边缘计算平台，如图4-1所示。

1）在设计控制与仿真平台时，UTCS-CPC借鉴了平行系统理论的理念和我国部分城市交通管理方的需求，通过可视化软硬件在环系统有效地连接了实时交通控制系统与实时交通仿真系统。实时交通仿真系统，提供对新型控制策略和交通管理理念的快速实现、验证和优化；实时交通控制系统，提供被验证控制策略的现场执行；可视化软硬件，在环系统作为桥梁和展示的途径，为管理方和研究人员提供解城市交通的宏观和微观视角。

2）私有云计算平台通过虚拟化技术提供具有弹性的存储、计算和信息安全能力。尤其要说明的是，UTCS-CPS还设计了GPU资源，可以为人工智能技术的应用提供算力支持。

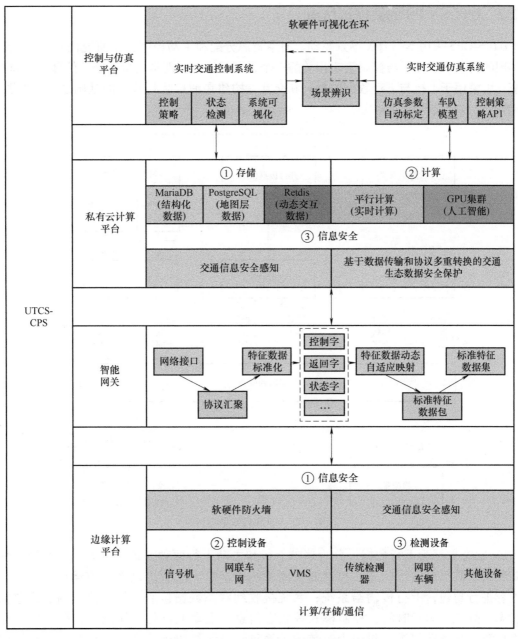

图 4-1 UTCS-CPS 的总体架构

3）智能网关平台充分考虑了目前我国城市道路交通控制器领域存在的问题，基于 2008~2013 年北京市多种类型交通控制器研究的结果，并通过智能网关解耦了系统与交通控制设备，使得不同协议和控制理念的信号控制器能接入到 UTCS-CPS 中。

4）边缘计算平台是作为支撑未来城市道路交通关键节点被设计的，主要是提供信息安全和现场计算的能力。需要说明的是，未来城市交叉口将是自动驾驶、车联网、公共交通、移动出行等各类交通场景数据汇聚的关键节点，因此提供边缘侧的信息安全与计算能力非常重要。

4.2.2 UTCS-CPS 的数据流结构

UTCS-CPS 采用本书有关场景驱动、时空资源分配和主动控制三个研究内容作为控制策略实现的基础，设计了与控制策略相关的三个引擎程序，分别是场景引擎、仿真引擎和控制引擎。引擎用于上行与下行数据的封装和交互，构建在消息队列服务的基础之上，如图 4-2 所示。

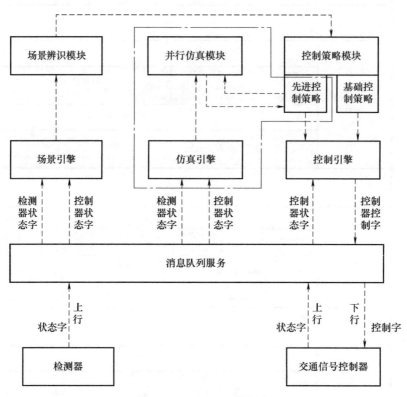

图 4-2 UTCS-CPS 数据流

1）状态数据为上行数据，分为请求上行和主动上行两种。请求上行是，系统向信号控制器请求其当前运行状态；控制器接到系统请求后，按照协议将当前运行状态所包含的内容进行封包，上行传输给系统；系统接收到状态数据包后，解析协议内容，包括相位状态、灯色、运行时间、控制模式等状态信息。主动上行是，检测器按照一定时序主动将检测的状态数据进行封包上行传输给系统；系统接收到状态数据包后，解析协议内容，包括车型、车辆数、车速等状态信息。上行的状态数据暂存于消息队列服务中，等待各引擎调用。

2）控制数据为下行数据。系统的控制策略模块，将需要执行的控制参数送至控制引擎；控制引擎将包括控制模式、相位阶段、运行时间在内的控制参数和时钟校对、路口编号等在内的基础参数进行合并封包，下行传输给信号控制器；当信号控制器接到控制数据包后，解析协议内容并将控制数据写入信号控制器中执行。

当系统运行时，场景引擎向消息队列服务申请检测器和交通控制器的状态数据的调用,并将调用数据按照场景辨识算法的输入数据要求进行封装送至场景辨识模块进行当前交通场景的辨识;然后,辨识结果作为输入送至控制策略模块。如果当前交通场景只需要执行基础控制策略,则由基础控制策略生成控制参数送至控制引擎;之后控制引擎将控制参数与基础参数合并封装,下发至信号控制器予以执行。如果当前交通场景需要执行先进控制策略,则仿真引擎向消息队列服务申请检测器和交通控制器的状态数据的调用,并将调用的数据按照仿真的输入数据要求进行封装并送至并行仿真模块,同时控制策略中的先进控制策略将生成的控制参数送至并行仿真模块,共同形成仿真的子程序,并通过仿真得到确定的控制参数送至控制引擎;控制引擎将控制参数与基础参数合并封装,下发至信号控制器执行。

本章将图 4-2 所示先进控制策略的实现称之为"场景驱动,软件定义"(Scene Driven Software Definitions,SD),并且在软件上已经封装好了丰富的函数,并设计了标准的编程模板,可以使没有编程经验的管理人员和研究人员都能快速实现自己的控制策略并进行验证,如图 4-3 所示。

图 4-3 控制策略编程模板

4.2.3 UTCS-CPS 的主要功能

1. 实时交通控制系统

不同于一些欧美国家较为相似的交通出行情况,我国大部分地区的交通出行习惯和行为各异。为此 UTCS-CPS 中的实时交通控制系统也充分考虑了这个特点,提供多种被控对象和控制目标的选择,并且根据这一特点可能出现的交通需求情况,设计了区域协调控制、干线绿波控制、单点自适应控制、防溢流控制、多时段定时控制和特殊灯色控制等多种控制策略。上述控制策略是支持多种检测数据类型的，包括地磁检测器、广域雷达检测器、视频检测器和浮动车检测器；考虑到评估的重要性，还提供直通率、平均停车时间、最大排队长度等参数，以提供更直观和合理的控制策略评价反馈。并且，系统提供 VPN 在线升级与备份，以及信号控制配时方案数据的校验保护机制。其中，在线升级的设计灵感来源于，智能手机的在线升级设计和我国部分城市的交通管理系统在以往的升级中出现的各类问题和经验。信号控制配时方案数据的校验保护机制的设计，能有效阻止工作人员疏忽和不专业出现配时方案异常导致的交通安全问题，如图 4-4 所示。

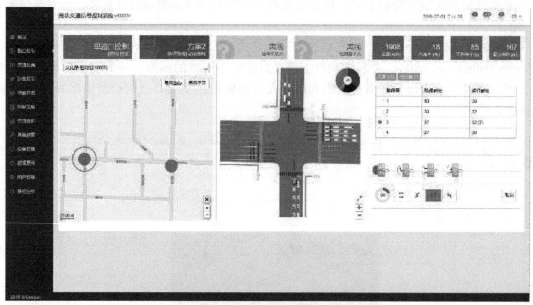

a) 单点控制

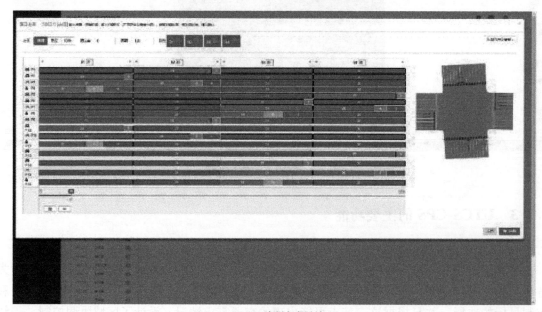

b) 控制方案设计

图 4-4　实时交通控制系统

2. 实时交通仿真系统

实时交通仿真系统以快速分析和验证新的信号控制策略为目标。不同于微观仿真软件 VISSIM、PARAMICS 和宏观规划仿真软件 TransCAD，它以中观视角的交通流为仿真主体，主要仿真交通流在控制策略影响下的结果，以此来促进控制策略的迭代优化。为实现在仿真时交通流的可视化、交通流的动力学参数标定和路网基础参数标定等任务，仿真驱动引擎的设计参考了 SUMO 仿真软件，如图 4-5 所示。

a) 宏观仿真　　　　　　　　　　　　　　b) 微观仿真

图 4-5　实时交通仿真系统

（1）仿真参数自动标定

在设计该仿真系统时，主动忽略了单个车辆的动力学特性和基于人工的仿真参数标定；并且，该系统采用检测器数据和 GIS 数据自动标定包括静态数据（道路长度、车道宽度、交叉口形状等）和动态数据（车型比例、车速分布、转向比例、车头时距等）；同时，交通流特性和跟驰特性，基于历史检测数据累积，通过实时检测数据修正得到。

（2）并行仿真驱动

采用图 4-6 所示的架构，对先进控制策略开发提供良好支持。这个架构由数据准备、控制策略和设备引擎三部分组成：

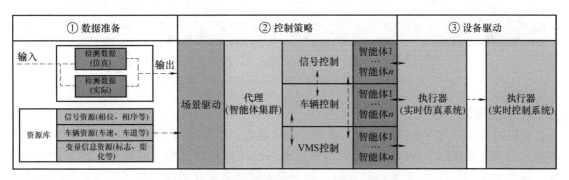

图 4-6　实时交通仿真系统的控制策略 API 架构

1）数据准备部分，将检测数据封装为标准的输入输出变量，将信号控制、车辆、可变标志等定为控制变量保存在数据库中。

2）控制策略部分，首先将交通需求构造为不同的虚拟场景，针对不同的场景来设计控制策略。控制策略的集合称为代理（Agent）。也就是说，研究人员设计的新型的控制策略被定义为代理，在仿真系统中通过给定条件来运行相应的代理。

3）设备驱动部分，实现的是并行仿真与控制引擎的交互。当新的控制策略被证明为可靠时，可以通过它将控制参数直接推送到控制引擎中，并在恰当的时机开始在现实的环境中执行。

3. 可视化软硬件在环系统

图4-7所示为用于城市道路交通控制的可视化软硬件在环系统结构。图中，实时交通控制系统和实时交通仿真系统是其基础。该系统可以模拟交通控制和道路状态，所采用的数据可以是现场的实时数据，而使其可以成为现实交通的一种映射。同时，它也可以采用实时交通仿真系统的数据，而使其可以成为仿真交通的一种呈现。城市交通的管理方，可以在宏微观的视角观察和甄别交通控制效果，也可以构建不同的交通场景测试新型的控制策略（见图4-8）。

图4-7 用于城市道路交通控制的可视化软硬件在环系统结构

a) 软硬件在环　　　　　　　　　　b) 元胞自动机仿真

图4-8 山东省潍坊市采用的可视化软硬件系统

4. 智能网关

智能网关不但能为系统提供强大的网络吞吐能力，还能提供针对多种检测、控制等设备的接入协议汇聚和标准转换功能。为了保证网络连接需要满足传输时间确定性和数据完整性，采用IEEE制定的针对实时优先级、时钟等关键服务定义的统一技术标准时间敏感网络（Time-Sensitive Networking，TSN）。目前，我国交通控制领域还存在检测及控制设备的接口与协议不统一等问题，给设备接入、数据使用带来了很大困难。为此，采用软件定义网络（Software-Defined Networking，SDN）将网络控制平面与数据转发平面进行解耦，来实现多非标准协议的汇聚及转换的可编程化控制。智能网关结构和协议接口汇聚及转换如图4-9和图4-10所示。

(1) 智能网关结构

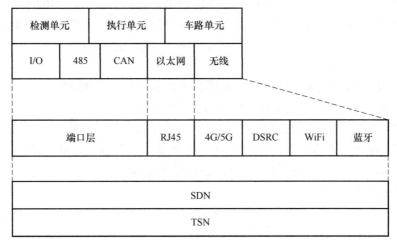

图 4-9　智能网关结构

(2) 协议接口汇聚及转换设计

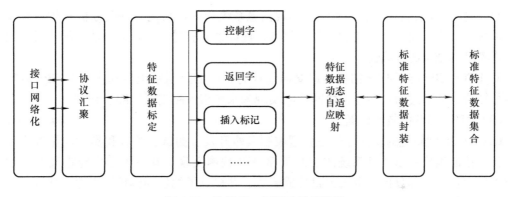

图 4-10　协议接口汇聚及转换设计

4.2.4　UTCS-CPS 技术特征、关键技术与创新

(1) UTCS-CPS 的技术特征

1) 虚实共存同变。UTCS-CPS 应具有，对以城市道路交通控制为背景的信息系统、物理系统，进行实时监控和实时在线仿真的功能。通过数据驱动 UTCS-CPS，利用来自物理系统的实时信息自动标定和修正仿真模型和参数，提高仿真精度；仿真结果通过 UTCS-CPS 对物理系统的控制影响其行为。

2) 多对多动态连接。系统通过大规模异构网络将包括人、车、路、环境等在内的交通要素链接起来，形成多层域的信息网络，实现动态信息的交互与共享。

3) 实时并行计算与信息处理。UTCS-CPS 框架下包含多源数据融合与处理、大规模在线实时数据驱动仿真、大规模分布式计算等要求，为此需要利用云计算构建宏观弹性计算平台，利用边缘计算构建微观专用计算平台，以满足系统的集中控制与分散控制相结合的要求。

4）自组织、自适应、自诊断与自愈。面向未来，包括人、车在内的大量移动终端将快速接入 UTCS-CPS，从而要求系统应具有自组织与自适应功能；同时，日益庞大、复杂的系统，在面对各种故障和信息安全时，应具有自诊断、自愈等能力。

（2）UTCS-CPS 的关键技术

1）全局优化与局部控制协同技术。采用集中控制与分散控制相结合的方式，实现全局优化与局部控制的最优协调，是 UTCS-CPS 首要解决的技术问题。

2）大规模分布式计算与分层信息安全——云计算与边缘计算协同。利用云计算有效整合系统的计算、存储、通信资源，实现宏观大规模系统的分布式计算需求；采用边缘计算，实现数据测快速计算、通信和控制。同时，在云端和边缘侧分别实现信息安全感知与防护，有效阻断以通信为载体的攻击。

3）UTCS-CPS 通信协议。为实现信息系统与物理系统的深度融合，需构建全新通信协议，以满足计算同步、数据管理、信息传输等要求。

4）动态网络和延时/中断容忍网络。为满足系统对于可靠性和在线计算分析的速度要求，需增强通信网络处理延迟、丢包、中断的能力，构建动态网络和延时/中断容忍网络。

5）虚实空间的自动映射一致性。实现信息系统和物理系统的综合分析和仿真是系统的重要功能。虚实空间的自动映射一致性包括，保证系统实时信息与实际情况同步且一致，保障仿真模型与结果的准确性。

6）UTCS-CPS 与 V-CPS 协同。以交通管控为核心的控制系统目标应与 V-CPS 控制系统目标相结合，并通过信息共享、协同控制实现未来城市道路交通的综合管理。

（3）UTCS-CPS 的技术创新

UTCS-CPS 创新性的设计体现在新型控制策略开发、测试、仿真和实际应用等方面。第一，新的控制策略可以通过系统的控制策略 API 快速实现。其原因是已经定义好了输入输出数据的变量，且部分控制逻辑也封装成函数，并提供了编程的模板，无论是研究人员还是交通管理人员都能快速实现自己的控制策略。第二，考虑到传统仿真软件需要大量人工完成复杂的参数标定工作，不但耗时耗力且非常容易出错，系统中的实时交通仿真系统提供了基于检测器数据和 GIS 数据的仿真参数自动标定功能，可以有效解决旧有问题。第三，新的控制策略可以通过实时交通仿真系统快速优化升级。当评价指标符合现场应用条件时，可以快速输入到实时交通控制系统中，无须再通过专业的编程人员和实施人工到现场实施。第四，系统还利用可视化的软硬件在环系统与仿真系统结合模拟各种类型的交通场景，如道路拥堵、绿波控制、应急管理等，使得研究人员和管理人员都能快速分析和设计方案。更为关键的是，这些数据都是来源于现场的检测器。

UTCS-CPS 还在系统扩展能力、信息安全、普适性等方面做了很多工作。第一，系统采用了云计算平台可以为控制策略、仿真提供强大的计算能力、存储能力；同时，考虑到基于人工智能的方法将成为信号控制的基础，还提供了 GPU 集群计算资源。第二，因为传统信号控制领域关注的重点并不在信息安全方面，当未来的车联网、自动驾驶等广泛应用时，信息安全将是关键问题，所以该系统的架构中创新地设计了两层信息安全感知与防护的内容，将可以有效阻断以信号控制器为目标或为跳板的网络攻击。第三，我国信号控制器方面的通信协议大多数为私有的,虽然相关部门为此做了大量工作,但是这种现象仍然非常普遍。UTCS-CPS 在设计架构之初已经考虑了这个问题,并设计了一个协议转换的中间件,创新地将现场设备与控制系统解耦,这样使用者将无须关注现场设备的具体细节。还要说明的是,该中间件已经集成了美国国家运输 ITS 通信协议(NTCIP),可以快速应用到中国和美国的部分地区的信号控制中。

4.3 新一代人工智能交通控制器

传统交通控制器的研发和设计,基于传统的交通控制理论,目标定位于执行器,并未考虑人工智能算法应用时所需的计算能力、存储能力和网络能力等,因此限制了人工智能在交通控制领域的实际应用。同时,面向未来的城市交通中物联网、人联网、车联网等场景在算力、仿真、存储、网络、优化等方面的需求,交通控制器将以全新的形态成为边缘计算、数据汇聚、网络结合的城市关键节点。

4.3.1 新一代人工智能交通控制器总体架构

2016 年国务院发布了《"十三五"国家科技创新规划》,其中的"专栏 9 现代交通技术与装备"中提出要求:"5. 综合交通运输与智能交通。以提供高效、便捷、可持续交通为目标,突破交通信息精准感知与可靠交互、交通系统协同式互操作、泛在智能化交通服务等共性关键技术。重点解决综合交通信息服务、交通系统控制优化、城市交通控制功能提升与设计问题,促进交通运输业与相关产业的融合发展。"

未来城市交通控制将主要历经全人工驾驶交通控制、混合驾驶交通控制、全自动驾驶交通控制三个阶段。为此,在进行智能交通控制器研究时,既要考虑面向全自动驾驶交通控制中交通要素全连接情况,又要兼顾当前全人工驾驶交通控制的传统控制形态。本章给出以边缘计算为基础,以场景驱动为要求,以交通控制资源化为支撑,以人工智能为核心的,新一代智能交通控制器总体架构,如图 4-11 所示。首先,利用检测资源实现场景驱动并以此为系统感知;其次,以信号资源作为空间方案库,以计算资源作为支撑实现基于人工智能的信号控制策略作为系统决策;最后,通过道路资源完成决策目标作为系统的执行。

1. 边缘计算架构

边缘计算是指在靠近物或数据源头的网络边缘侧,融合网络、计算、存储、应用核心功能的开发平台,就近提供边缘智能服务,满足行业数字化在敏捷连接、实时业务、数据优化、应用智能、安全与隐私保护等方面的关键需求。它是近年来伴随着物联网(Internet of Things, IOT)技术成熟及智能设备大规模部署而产生的。其作用在于,弥补以云计算模型为核心的集中式大数据处理的关键技术不能满足边缘设备所产生数据的高效处理需求。其重点解决以下四个关键问题:

1)线性增长的集中式云计算,无法匹配爆炸式增长的海量边缘数据。
2)从网络边缘设备传输海量数据到云中心致使网络传输带宽的负载量急剧增加,造成较长的网络延迟。
3)网络边缘数据涉及个人隐私,使得隐私安全问题变得尤为突出。
4)电能有限的网络边缘设备传输数据到云中心会消耗较大电能[5]。

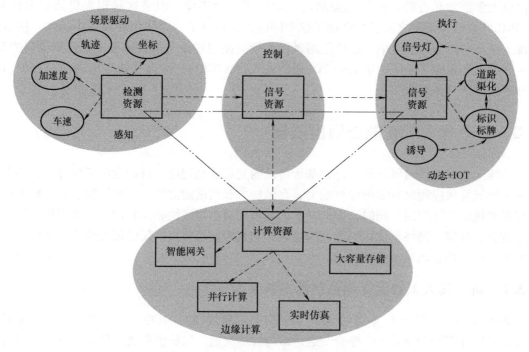

图 4-11 新一代智能交通控制器总体架构

智能交通控制器作为城市道路交通控制的关键节点设备，为交通控制提供检测数据接入与处理、控制策略计算与执行、网络传输与协议转换、数据存储与数据安全等功能。但目前国内外学者和企业在智能交通控制器的研究和开发上滞后，导致其难以满足城市交通控制在实时性、计算力、网络吞吐等方面日益提高的需求。同时，人工智能在城市交通的关键节点控制中的应用，也同样面临算力不足、存储不够等问题。边缘计算在架构设计上的优势正好契合当前及未来城市交通控制与人工智能对智能控制器的需要。为此，本章采用边缘计算架构来设计新一代人工智能交通控制器。

如图 4-12 所示，在烟花（Firework）模型的通用架构上设计了交通烟花（T-firework）模型架构，主要包括烟模型管理器（Firework Manager）和烟花模型节点（Firework Node）两部分。烟花节点将检测数据、道路数据、执行端数据、决策与算法、仿真等纳入其中，可实现大数据实时分布式共享和处理，并使私有数据可在数据利益相关方的设备上处理以保障数据安全性。烟花模型通过创建虚拟的共享数据视图，融合了物理分布上的各类数据源，而数据利益相关方（烟花模型节点）为终端用户提供一组预定义的功能接口以便用户访问。

2. 场景驱动架构

传统交叉口控制策略的实施，一般将普通控制（欠饱和、饱和）与特殊控制（公交优先、有轨电车、应急救援等）分开考虑。普通控制，利用交通状态，来判别是实施饱和控制还是欠饱和控制；特殊控制，基于部署的特殊检测手段，来实施有针对性的检测和控制。但在同一时空下分割的控制方法，未能充分考虑具有关联性的实际交通需求的构成，难以反映受控交叉口的多层次交通状态。因此，有必要提出一种能够统一表征多维度交通需求与控制策略之间映射关系的方法。

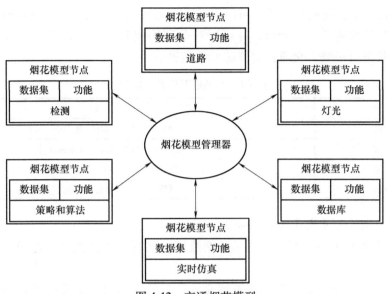

图 4-12 交通烟花模型

交通场景驱动定义为交通需求到交通控制策略的映射,是实施经精准控制策略的先决条件,如图 4-13 所示。

考虑采用五元组的形式描述交通场景,$S=(R,M,P,B,O)$。其中,R 是原始数据的集合,具体有瞬时速度、加速度、坐标、轨迹、ID 等;M 是原始数据到交叉口连接路段的映射,描述为离散交通状态编码;P 是利用原始数据加工所得的指标数据;B 是基础层场景,包括交叉口过饱和与欠饱和两种状态;O 是叠加层场景,包括溢流、公交优先、有轨优先、应急救援等非常发性交通需求引起的场景,如图 4-14 所示。

图 4-13 交通场景驱动的定义

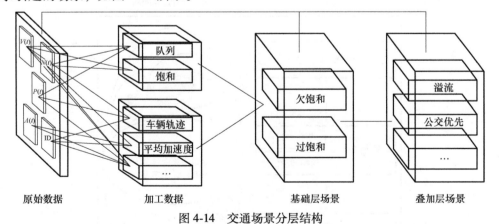

图 4-14 交通场景分层结构

【说明】 传统检测数据多为加工数据,难以有效支撑上述方法,因此本节所提方法采用新型检测手段,如广域雷达、车联网等能够提供 R 所需数据形式的检测方式。

3. 交通控制资源化架构

交通控制资源化是指,将交通控制中的各类要素进行资源化,并以资源的形式重新组合与使用。交通控制资源化的结果是,可以将城市交通控制描述为一类存在不确定性的最优动态资源分配的科学问题[6]加以分析,并可以充分利用控制科学、人工智能科学中的已有方法作为有力工具进行研究。交通控制资源的类型见表4-1。

表4-1 交通控制资源的类型

名称	内容
信号资源	相域、相位、相序、相时等
道路资源	可变渠化、可变标志、可变限速等
检测资源	有效辨识交叉口场景的检测数据
计算资源	并行算力、实时仿真、存储容量

【说明】 交通控制资源化带来的变化如下:
- 信号资源化和道路资源化通过影响交通流,实现供需的改变,进而影响路网的O-D路径。
- 检测资源化突破传统检测参数不能充分、有效表征受控交叉口场景特性的问题。其立足人工智能的感知、辨识等方法,提出了有效参数映射至场景的方法。
- 计算资源化为,人工智能的应用解决了算力问题、存储问题;检测资源化,解决了感知应用的问题;信号与道路资源化,解决了决策应用的问题。

设计交通控制资源化架构时,考虑到在实际应用中对传统交通控制体系兼容性的问题,提出了平行架构设计方案,如图4-15所示。在平行架构中,针对具有共性特征的检测部分和信号基础部分建立连通:首先,由于资源化架构采用了检测数据的原始数据作为输入数据,因此可利用原始数据加工得到传统架构中所需的数据,如流量、占有率、区域平均车速等;其次,传统架构中的信号基础(相位、相序、周期、绿信比、相位差等)包含于资源化架构中,设计时考虑其为一类具有特殊性的信号基础。

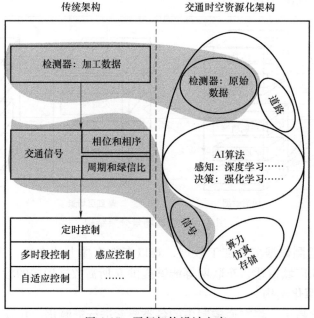

图4-15 平行架构设计方案

注意，为了保障车辆通行安全，信号基础部分设计时遵循交通冲突理论和最小相位时间要求。

4.3.2 新一代人工智能交通控制器软硬件架构

在总体架构基础上，设计了算力平台。主要包括控制器硬件结构、控制策略框架和实时仿真，提供人工智能算法实现的基础条件。

1. 算力平台设计

（1）智能交通控制器硬件结构

智能交通控制器平台依托 Xilinx Zynq-7000 XC7Z030 解决方案实现。其特点在于搭载了 SoC FPGA，拥有主频为 1GHz 的双核 ARM Cortex-A9 处理器。IC 相对独立，便于片内资源的调度和使用。其中，SoC 部分提供 9.3Mb 的块 RAM（Block RAM），400 个 DSP（18×25 MACC），157200 个触发器（FF）及 78600 个查找表（LUT）等资源[7]，能够满足边缘计算中对并行计算能力的要求。同时，ARM 处理器的引入提升了软件定义控制策略的能力。智能交通控制器软件基于 DM2016 分布式计算平台设计，部署在定向裁剪的 Linux 操作系统上，使其具有良好的可靠性和扩展性，如图 4-16 所示。

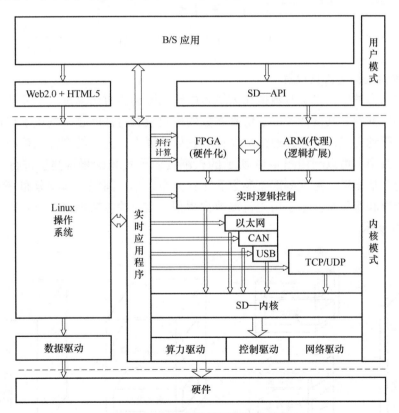

图 4-16 智能信号控制器硬件结构

其特点还包括以下几点：
- 高性能的 FPGA 芯片，能提供并行计算和万级门电路规模，可支持多种扩展需求。
- 提供算法硬件化能力，通过 FPGA 实现控制逻辑和算法，提高算法执行能力和稳定性。

- 通过高性能的内核 ARM 处理器和 Linux 操作系统,实现对控制逻辑的扩展和提供可编程的 API。
- 通过有效封装的驱动层,可提供数据驱动、计算驱动、控制驱动和网络驱动等能力。

（2）控制策略框架

为支撑场景驱动和交通控制资源化的要求,在设计智能交通控制器控制策略组成时,采用图 4-17 所示的 SD（即场景驱动,软件定义）控制策略数据流框架。通过智能网关中协议接口汇聚及转换,将输入输出数据与控制策略分离,实现针对任何交通场景的抽象和构建；再通过虚拟化代理驱动引擎和标准的编程模板,完成对所需任务控制逻辑的快速开发。

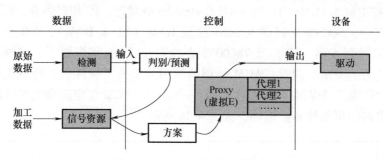

图 4-17　SD 控制策略数据流图

（3）控制器端实时仿真设计

以历史数据为基础,将实时数据作为输入的数据驱动实时仿真是人工智能在城市交通控制中应用的必要基础。其设计考虑了仿真参数的标定及实时性问题,提供了自适应参数快速标定和无模型驱动方式；并且,通过边缘计算提供的算力,为多类型控制策略提供实时仿真和演化仿真。其中,可以利用图 4-14 所示的检测资源形式和检测器类型进行自适应参数标定,可以标定包括车道、路宽等静态参数和车速分布、车头间距、车型分布等动态参数；并且其交通流特性和跟驰特性基于历史检测数据累积,实时检测数据修正得到。实时仿真功能结构如图 4-18 所示。

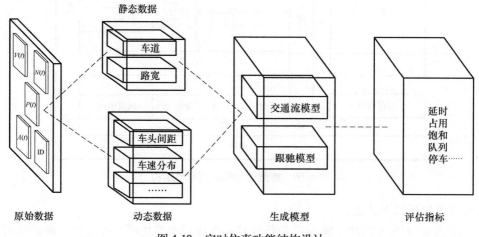

图 4-18　实时仿真功能结构设计

4.3.3 新一代人工智能交通控制器应进一步解决的问题

1. 实时故障诊断与预测性维护

智能交通控制器运行的可靠性，是城市交通控制与管理充分发挥作用的保障，目前国内外的运维多采用人工巡检、故障被动上报等手段，存在故障诊断滞后和维护成本高等问题。因此，考虑在边缘计算架构的硬件层、通信层、数据层等均设计异常发现探针，对设备的全生命周期进行监测，并对数据异常实现告警处置。其采用边缘与云协同的运维方式，通过本地的边缘计算融合网关提供数据分析能力，第一时间发现设备潜在故障；同时，提供本地存活，一旦与云端连接故障，数据可以本地保存，连接恢复后，本地收敛数据自动同步到云端，确保云端对所有设备的完整视图。预测性维护还可以减少维护工作量，降低维护人员劳动强度；提高设备的可靠性，延长设备的使用寿命；提高设备的利用率，减少维修费用，从而降低维护成本。

2. 基于人工智能的感知与决策算法库

边缘计算、场景驱动和交通控制资源化是人工智能与城市交通控制结合的基础，考虑到城市交通控制涵盖感知、决策、执行三个层面，因此需要研究基于监督学习算法的场景感知，基于无监督学习的交叉口空间方案选择，基于深度强化学习的信号控制策略和考虑"人在回路"的交叉口混合增强智能控制决策方法等一系列问题；建立基于人工智能的城市受控交叉口的感知与决策算法库，满足时变交通需求下具有高复杂性的交通控制要求；同时，利用FPGA实现算法的硬件化，进一步提升人工智能算法的训练和运算速度，使其具备快速训练、实时仿真、精准决策的能力。

4.4 场景驱动的交通控制一体化仿真系统

自20世纪50年代以来，以交通工程和计算机技术为基础的城市道路交通仿真技术已经取得了突飞猛进的发展，目前已经成为城市交通规划设计、交通系统实验分析、交通控制算法研发、交通流理论研究、车路协同、公交优先、自动驾驶等诸多领域的重要研究和验证手段。然而，随着人工智能、云计算、边缘计算等在城市交通控制领域的应用，相应的计算和算法能力得到大大加强，从而衍生出新的交通仿真课题。当前研究不能适应新的交通仿真的需求，主要原因有以下三点：

1) 商用仿真软件和自主研发的仿真驱动引擎都基于传统城市交通流理论设计，其软件架构、仿真引擎、仿真能力都不适应未来城市交通大规模并行演化计算的仿真要求。

2) 当前和未来的城市交通场景越来越复杂，包括车联网、自动驾驶、公交优先、城市应急等内容。传统基于车辆动力学、驾驶人心理生理等理论的仿真平台，不适用未来城市交通场景驱动的仿真要求。

3) 现有研究中的硬件在环采用的信号控制硬件多为传统信号控制架构，其灵活性、适用性无法满足未来多场景的信号控制要求。

综上考虑，从未来城市交通场景驱动仿真需求出发，通过重构开源交通仿真引擎和信号控制设备的软硬件框架，设计和开发了基于场景驱动的交通控制一体化仿真平台。该平台能够满足多场景、大规模、并行演化计算的交通控制仿真要求。

4.4.1 一体化仿真系统架构

1. 开源交通仿真软件 SUMO

开源交通仿真软件 SUMO（Simulation of Urban Mobility）由德国航空太空中心（DLR）和科隆大学应用信息研究中心（ZAIK）联合开发。经过多年发展，SUMO 已演变成一个功能齐全的城市交通建模工具，能够导入不同的源格式道路网，使用各种输入数据（OD 矩阵、交通量等）完成不同交通需求的产生，可离线模拟单路口、干线和区域，还可以利用"远程控制"接口（TraCI）实时在线模拟[8]。其软件结构和交通需求生成逻辑如图 4-19 和图 4-20 所示。

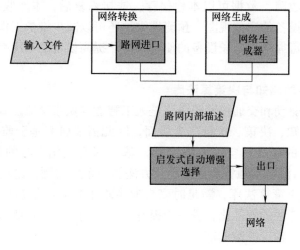

图 4-19　SUMO 软件结构

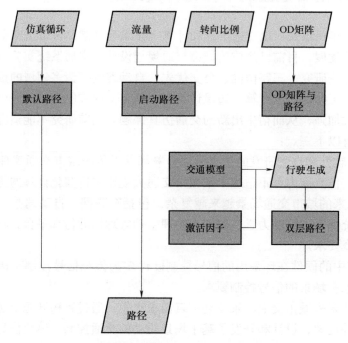

图 4-20　SUMO 软件交通需求生成逻辑

SUMO 的主要特点如下：

• SUMO 提供与开源地图数据 OpenStreetMap 的无缝对接，并针对地图加载和刷新做了针对性优化，可实现大规模城市级别路网的仿真。

• SUMO 支持其他交通仿真软件驱动引擎和路网的快速导入；同时，可根据需求自主开发车辆和车流驱动引擎，尤其提供针对每辆车的明确定义，还可根据需求增加对车辆的物理属性和动力学模型的变量类型。

• SUMO 支持多种交通场景的模拟要求，可实现交通控制、交通事故、公共交通出行、交通环境监测等功能；同时，通过套接字（Socket）提供网络访问的 API，可以实现对系统底层数据的调用，满足定制开发的仿真要求。

• SUMO 通过 TraCI 和 TraNS 提供对 V2X 和 V2I 的全面支持，同时支持自动驾驶车辆路径规划、主动安全等功能。

2. 系统的硬件结构

一体化仿真平台硬件采用北方工业大学城市道路交通智能控制技术北京市重点实验室自主研发的双 SD（场景驱动、软件定义）架构的雾计算（Fog Computing）交通控制器平台和思科塔式服务器集群，通过标准数据接口将地磁、广域雷达等交通检测器连接到交通控制器平台上，通过思科的 SDN 和 SDS 快速实现网络、存储和计算力的物理部署。

与传统的交通控制器相比，双 SD 结构的雾计算交通控制器平台，通过将数据与控制分离，实现了对任何交通场景的抽象和构建，如图 4-21 所示。通过虚拟化代理驱动引擎和标准的编程模板，完成了对任务控制逻辑的快速实现。一体化仿真平台的硬件连接如图 4-22 所示。

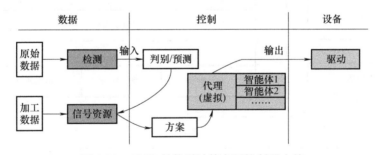

图 4-21 双 SD 结构雾计算交通控制器内核

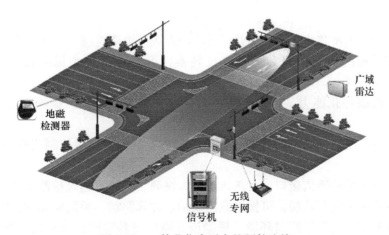

图 4-22 一体化仿真平台的硬件连接

其中，双 SD 结构的雾计算交通控制器平台采用 Xilinx 的 Zynq-7000 开发套件实现，如图 4-23 所示。

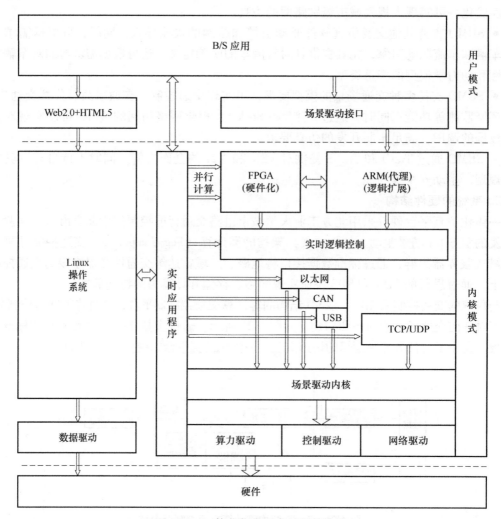

图 4-23　一体化仿真平台的硬件结构

其特点如下：
- 高性能的 FPGA 芯片，能提供并行计算和万级门电路规模，可支持多种扩展需求。
- 提供高性能的数据采集和通信协议转换，可高效处理非标准自定义通信接口和协议。
- 提供算法硬件化能力，通过 FPGA 实现控制逻辑和算法，提高算法执行能力和稳定性。
- 通过高性能的内核 ARM 处理器和 Linux 操作系统，实现对控制逻辑的扩展和提供可编程的 API。
- 通过多种类型的通信接口，可接入地磁、视频、广域雷达等检测设备。
- 通过有效封装的驱动层，可提供数据驱动、计算驱动、控制驱动和网络驱动等能力。
- 基于场景驱动的信号控制环境，根据该交通控制器架构，分别进行场景驱动的交通控制一体化仿真平台的硬件和软件发开。

3. 系统的软件结构

一体化仿真平台软件是以 SUMO 为基础开发完成。平台软件主要分为 4 部分：交通仿真驱动引擎、用于提供交通控制能力的信号控制算法引擎、支持大规模并行计算能力的 VMware 虚拟化私有云平台和用于完成数据存储与交互的数据库集群。其软件结构如图 4-24 所示。

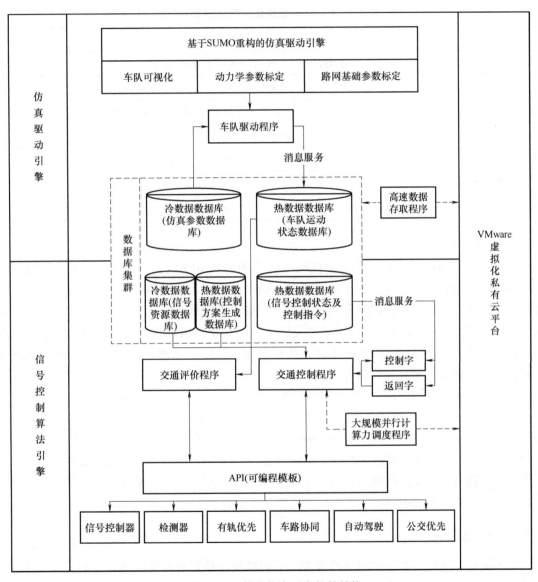

图 4-24　一体化仿真平台软件结构

（1）交通仿真驱动引擎

以中微观交通仿真为目标，为实现仿真车队可视化、车队动力学参数标定和路网基础参数标定等目标，在设计交通仿真驱动引擎时利用 SUMO 开发仿真软件，通过重构该软件的底层驱动，开发了车队驱动程序。用户可以通过该程序手动标定参数，并将标定的参数放入冷数据数据库中，同时也可利用历史交通检测数据自动完成参数标定。采用消息队列服务调用热数据数据库中动态数据，并以此驱动车队的运动，实现可视化展示。

在车队和交通信号可视化开发过程中，采用异步加载、并行计算的方式通过调集虚拟化私有云平台的计算资源实现了车队和路口数千量级的集中呈现和微秒级的刷新速度（见表4-2）。

表4-2 VMware 虚拟化私有云软硬件参数

配 置 名 称	型号和数量
CPU	2个英特尔8核 Xeon E7-4809 v4 处理器（2.1GHz，20MB 缓存）
RAM	2条64GB（4×16GB）、2133MHz DDR4 内存
存储	标配8个2.5" SAS 热插拔硬盘槽位，8×300GB
网卡	4口 REALTEK RTL8111F 10/100/1000 Mb
虚拟化	VMware ESXI 5.5+vSphere 5.5
操作系统	CentOS 6.8_64_min_base
开发环境	Lua5.1+C+Python3

（2）信号控制算法引擎

利用代理（Proxy-Agent）模式和代码模块化的仿真 API 设计，可将信号控制算法抽象为控制输入、逻辑运算，控制输出三个部分。针对控制输入，采用非标准化数据协议控件将其转换为标准数据以供控制逻辑调用；逻辑算法部分采用胶水语言（脚本编程语言）Python 或 Lua+底层控制语言 C 实现，同时通过提供标准的编程模板以快速完成算法构建与代码编写；控制输出则采用 Agent 模式将任何算法标记为智能体送入控制器 ARM 中，使其与控制器同步运行并在适当时机接管控制器。

（3）VMware 虚拟化私有云平台和数据库集群

利用 VMware 虚拟化私有云平台最大化利用硬件计算资源，同时进行计算资源集中调用和访问负载均衡。利用双 Redis 或 Redis-Cluster（热数据采用消息队列，放在内存中，保证运行速度，单 Redis 其读写速度为每秒10万次）+MariaDB（冷数据采用传统数据库，通过性能优化，支持每秒100万次级快速写入）实现大规模仿真中车辆运动实时刷新的访问需求及大容量城市参数标定和存储。

4.4.2 仿真测试

为了测试一体化仿真平台的仿真规模、实时性能、稳定性和可靠性，分别采用不同规模的城市路网和车流对该平台进行性能测试，方法如下：

1）选择两个不同量级的城市路网和车流进行仿真测试，为保证真实性和准确性，仿真路网和车队数据来自北京市顺义区和山东省潍坊市相关部门。

2）为测试平台实时性能及稳定性，仿真刷新时间范围在1～125ms（刷新时间根据相关部门提供的地磁检测器数据的传输频率设置，以保证仿真的真实性），连续运行24h。

3）仿真路网及车流规模（见表 4-3）

表 4-3　仿真路网和车流规模

城市	路口规模	路段规模	车队规模	刷新时间
顺义区	31 个	84 条	252 组	125ms
潍坊市	134 个	446 条	1624 组	125ms

4）仿真测试路网如图 4-25 所示。

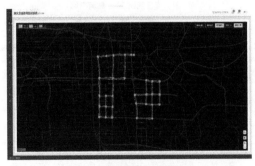
a）北京市顺义区路网

b）山东省潍坊市路网

图 4-25　仿真测试路网

根据北京市顺义区和山东省潍坊市相关部门提供地交通流量数据，将仿真设置车队加载量与交通时段（高峰、平峰、夜间）相关联，分别测试仿真平台刷新率和服务器 CPU 负载能力，测试结果如图 4-26 和表 4-4 所示。

表 4-4　仿真平台性能测试结果

	时段	早高峰	早平峰	午高峰	午平峰	晚高峰	晚平峰	夜间
顺义	车队规模	240 组	152 组	177 组	120 组	250 组	210 组	800 组
	刷新率	10.3ms	8.1ms	8.5ms	7.6ms	12.5ms	10.0ms	3.2ms
	负载能力	25%	17%	18%	10%	27%	22%	6%
潍坊	车队规模	1580 组	1092 组	1290 组	1100 组	1620 组	1310 组	820 组
	刷新率	82.3ms	62.2ms	70.1ms	65.0ms	88.5ms	72.4ms	54.2ms
	负载能力	55%	44%	48%	45%	57%	50%	41%

如图 4-26a 和 b 所示，通过采用不同规模的路口、路段和车队规模测试仿真平台的刷新率比（实际刷新时间/125ms），可以发现，随着车队规模的增加，仿真平台的刷新率在提高（即实际刷新时间增长），导致仿真平台的性能下降，但仍可在可接受范围。图 4-26c 和 d 给出了仿真平台计算所需 CPU 资源情况，采用的私有云平台可通过调集计算能力支撑大规模仿真需求，同时在仿真需求降低时快速释放计算能力，达到负载均衡的动态调节。

针对传统城市道路交通控制仿真研究中存在的问题和未来多场景驱动下的交通控制仿真提出的大规模并行实时演化计算的需求，设计和实现了基于场景驱动的交通控制一体化仿真平台。通过重构开源交通仿真软件 SUMO 的引擎，实现了以车队为仿真基本单元的中微观仿真结合的功能，提出了一体化仿真平台的软硬件架构。并且，在软件平台中考虑到复杂城市

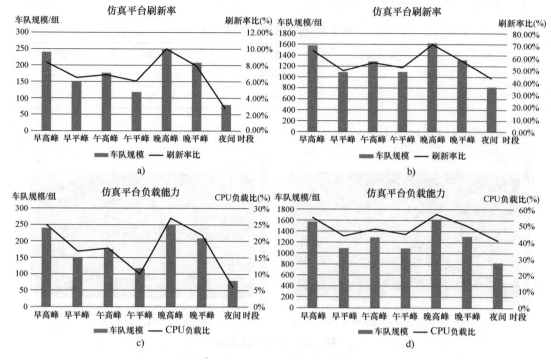

图 4-26 仿真平台性能测试结果

交通多场景交叠的情况和控制策略库快速验证的要求，利用 Proxy-Agent 模式和代码模块化的仿真 API 模拟实现不同场景驱动的城市道路交通控制。最后，以北京市顺义区和山东省潍坊市路的网为例，通过不同规模车队的仿真测试了一体化仿真平台的性能。结果表明，仿真平台可应对大规模路网仿真，具有实时性能好、运行稳定可靠等优势。

4.5 小结

本章研究和设计了针对城市道路交通控制的信息物理系统——UTCS-CPS。UTCS-CPS 扩展了传统交通控制系统在控制策略研发、测试和实际应用的能力，并在协议接入、信息安全等方面做了创新性工作；利用平行系统理念，建立了实时交通控制系统与实时交通仿真系统的交互机制，搭建起交通控制研究与实践的桥梁；充分考虑城市道路交通复杂特性，通过设计可视化软硬件在环系统可以模拟多种交通场景，扩展交通管理者观察和管理道路交通的视角。UTCS-CPS 在信息物理系统架构下充分考虑了控制、信息、计算和仿真四个方面的要求，系统能够提供业务所需的计算能力、存储能力和信息安全能力。并且，考虑到执行器和实际验证中存在的难题和未来车路协同、自动驾驶等场景的控制需求，本章重新研究了人工智能交通控制器和场景驱动的交通信号一体化仿真系统。

参 考 文 献

[1] LIU Y, PENG Y, WANG B L, et al. Review on cyber-physical systems [J]. IEEE/CAA Journal of Automatica Sinica, 2017, 4 (1): 27-40.

［2］孙棣华，李永福，刘卫宁，等. 交通信息物理系统及其关键技术研究综述［J］. 中国公路学报，2013，26（1）：144-155.

［3］原豪男，郭戈. 交通信息物理系统中的车辆协同运行优化调度［J］. 自动化学报，2019，45（1）：143-152.

［4］GONG Y，LI S J. Fusion framework of urban traffic control and route guidance based on cyber-physical system theory［J］. Journal of Highway and Transportation Research and Development（English Edition），2013，7（1）：82-89.

［5］赵梓铭，刘芳，蔡志平，等. 边缘计算：平台、应用与挑战［J］. 计算机研究与发展，2018，55（2）：327-337.

［6］中国科学院. 中国学科发展战略：控制科学［M］. 北京：科学出版社，2015：10-12.

［7］卢冶，陈瑶，李涛，等. 面向边缘计算的嵌入式FPGA卷积神经网络构建方法［J］. 计算机研究与发展，2018，55（3）：551-562.

［8］KRAJZEWICZ D. Traffic simulation with SUMO-simulation of urban mobility［J］. Fundamentals of traffic simulation，2010，145（10）：269-293.

第 5 章

总结与展望

城市道路主动交通控制，针对的是人、车、路和环境的交互，是在保障交通参与者通行安全基础上提高通行效率的一种管控的理论和技术，是广义交通控制中的重要研究方向之一。本书通过回顾多年的研究和实践经历，面向自动驾驶、车路协同等环境下交叉口多车种混合交通流的状态辨识问题和道路时空资源分配问题，对所涉及的交通辨识、交通控制、交通控制系统等若干内容进行了研究，得到了一些结论。但由于作者自身水平限制，仍有大量问题需进一步深入研究，具体可概括以下三方面：

1）城市道路交通是复杂巨系统，表现为交通对象的复杂和规模大。本书主要以交叉口为对象进行研究，虽然能在一定程度上提高交叉口的通行效率，但未能从中观的干线视角和宏观的区域视角来研究交通控制问题，由于路网内交叉口之间的连接不可避免会产生相互作用和相互影响。

2）针对交通控制模型在实际应用中由于约束条件的不同可能存在的失配问题，本书提出了模型退化概念并给出了导致退化的条件和结果，但是仍然面临着在实际应用中存在的参数标定不准确和调试复杂的问题。

3）交通时空资源架构为交通控制提供了新的视角和实现途径，能够为未来车路协同、自动驾驶等场景的应用提供新的交通控制方案，但是由于与传统交通控制存在较大差异，从理论研究到实际研发还存在很多观念、理解和技术上的问题。

城市道路交通控制被誉为智能交通皇冠上的明珠，无论是当下还是未来都需要进行广泛而深入的研究和实践！